"先生の先生"が集中討議！

子どもも教師も元気になる

「これからの教室」のつくりかた

～教育技術・学級経営・ICT教育
新しい時代のグランドデザイン～

堀田龍也
Horita Tatsuya

赤坂真二
Akasaka Shinji

谷　和樹
Tani Kazuki

佐藤和紀
Sato Kazunori

学芸みらい社

人類史上５番目となる
超スマート社会の到来

◇Society5.0（ソサエティ5.0）

Society5.0は、狩猟社会、農耕社会、工業社会、情報社会に続く、第５の新しい社会を指すキーワードです。人工知能（AI）やロボティクス、ビッグデータなどの先端技術によって、様々な知識や情報が共有され、今までにない、新しい価値や、生産性を劇的に押し上げるイノベーションによって、経済の発展と社会課題の解決が両立する社会と言われています。

◇Society5.0の中の社会

①AI技術の発達

私たちの身の回りにある膨大なセンサーによるデータをAIが解析し、ロボットやシステムにより作業が自動化され、人手の少ない地域、高齢化する地域や、労働力の少ない領域の負担軽減につながります。

②働き方の変化

技術の発達により、産業の構造が変化することが予想されています。
時間と場所を問わない働き方や、組織に雇われない働き方など、多様な働き方が実現していきそうです。

③学び方の変化

変化に富んだ時代に対応した人材育成のため、アクティブ・ラーニング等、学びの内容が変化するのはもちろん、リカレント教育*の充実など、学び方も変化していきます。また、文部科学省（2019）がまとめた国立大学の改革方針では、超スマート社会に向けて、データサイエンスや数理の教育を、文系・理系を問わず全学部で課すこととしています。

*小中高校などの基礎教育を終了し、就職して社会で活躍している最中でも、必要に応じて教育機関に戻って学ぶことができる教育システム

未来の子ども① 家庭・社会編 ～Society5.0とは～

今、私たちはかつてないほどの社会変革のただ中にいます。
先端技術の急速な進化があらゆる産業や生活に影響を与え、「非連続的」な変化が訪れる「Society5.0」の社会が到来すると予測されています。

◇世界の人口

現在77億人の世界の人口は、わずか十数年のうちに約85億人に、そして2050年には約100億人に達する見込みです。
しかも、人口の増加は地域差が非常に大きく、2019年から2050年までの人口増加の半分以上がインド、ナイジェリア、パキスタンなどの9カ国によるものと予測されています。

国際連合「世界人口推計」（2019年）

◇日本の人口

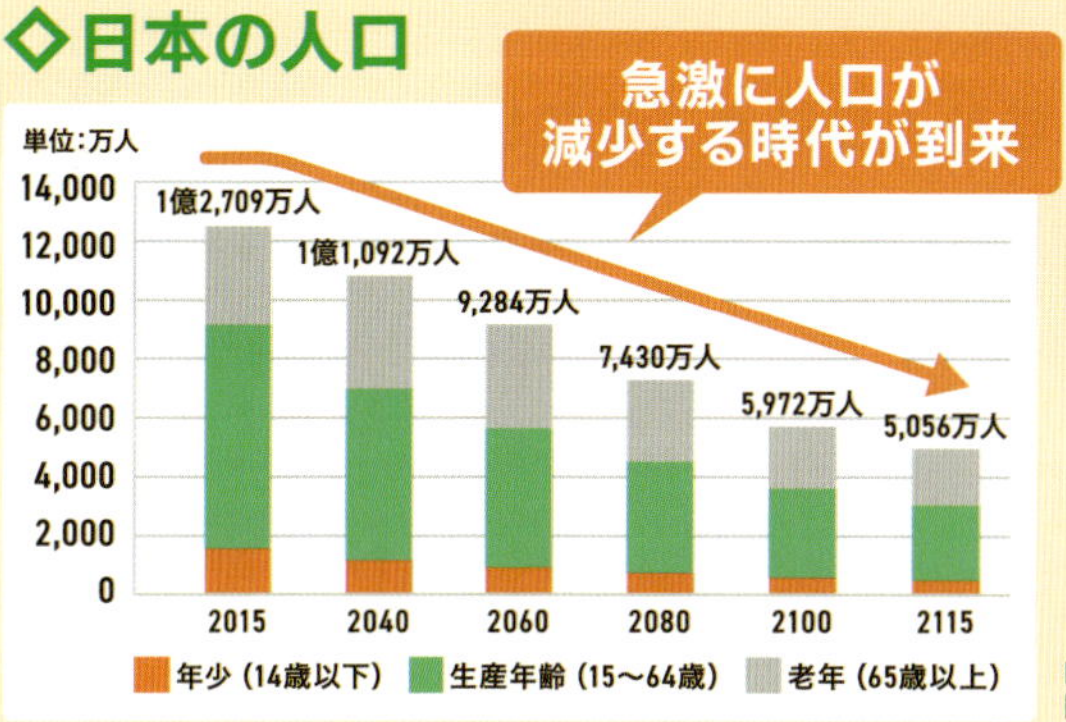

日本の人口は急激に減少していくことが、予測されています。
2060年には1億人を切り、現在の4分の3以下に。2100年には半分の6千万人を切ってしまいます。
生産年齢人口が特に減少することが、もっとも懸念されています。

国立社会保障・人口問題研究所
「日本の将来推計人口」（平成29年推計）

◇人生100年時代の到来

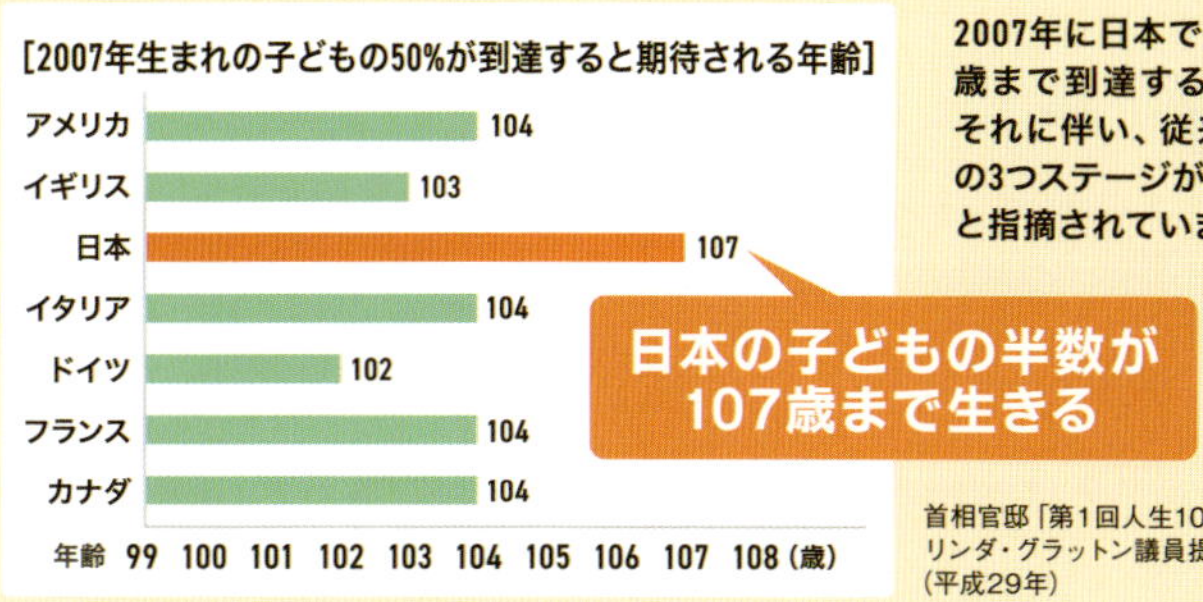

2007年に日本で生まれた子どもの50%が、107歳まで到達するという研究結果があります。
それに伴い、従来の教育→雇用→退職の人生の3つステージが、より多様なモデルに変化すると指摘されています。

首相官邸「第1回人生100年時代構想会議資料4-2
リンダ・グラットン議員提出資料（事務局による日本語訳）」
（平成29年）

◇ICT環境　2022年までのICT環境整備方針

	現在	目標（～2022年度の目標）
教育用コンピュータ1台当たりの児童生徒数	5.6人	3クラスに1クラス分程度
普通教室の無線LAN整備率	34.5%	100%
超高速インターネット接続率（100Mbps以上）	63.2%	100%
普通教室の電子黒板整備率	26.8%	100%

文部科学省
「学校における教育の情報化の実態等に関する調査結果」（平成30年）
文部科学省
「教育のICT化に向けた環境整備5か年計画」（2018～2022年度）

学校現場のICT環境整備が進み、子どもたちは1人1台の情報端末を、高速でセキュアなインターネット接続によるクラウド環境で利用することが可能になります。

◇新しい教育の課題　誰ひとり置き去りにしない教育の実現

これからの社会状況の変化を見据えた、初等中等教育の新しい課題が議論されています。

学級担任制　習熟度別指導

児童生徒の発達に応じた、義務教育９年間を見通した、新しい学級のカタチの議論が始まっています。

STEAM教育　文理両方を学ぶ

文系・理系の垣根をこえてさまざまな教科をバランスよく学ぶことや、STEAM教育*を推進することが議論されています。

＊Science、Technology、Engineering、Art、Mathematicsの頭文字からなる語。各教科の学習を、実社会の課題解決に活かしていく教科横断的な教育のこと。

特異な才能や　障害のある子ども

特定分野に秀でた能力を持つ子や障害のある子など、特別な配慮を要する子どもへの適切な支援が検討されています。

外国人児童生徒

増加する外国人児童生徒への就学・進学機会の確保や、日本の生活・文化、母語に関する指導等の課題が検討されています。

中央教育審議会
「新しい時代の初等中等教育の在り方について」（平成31年）

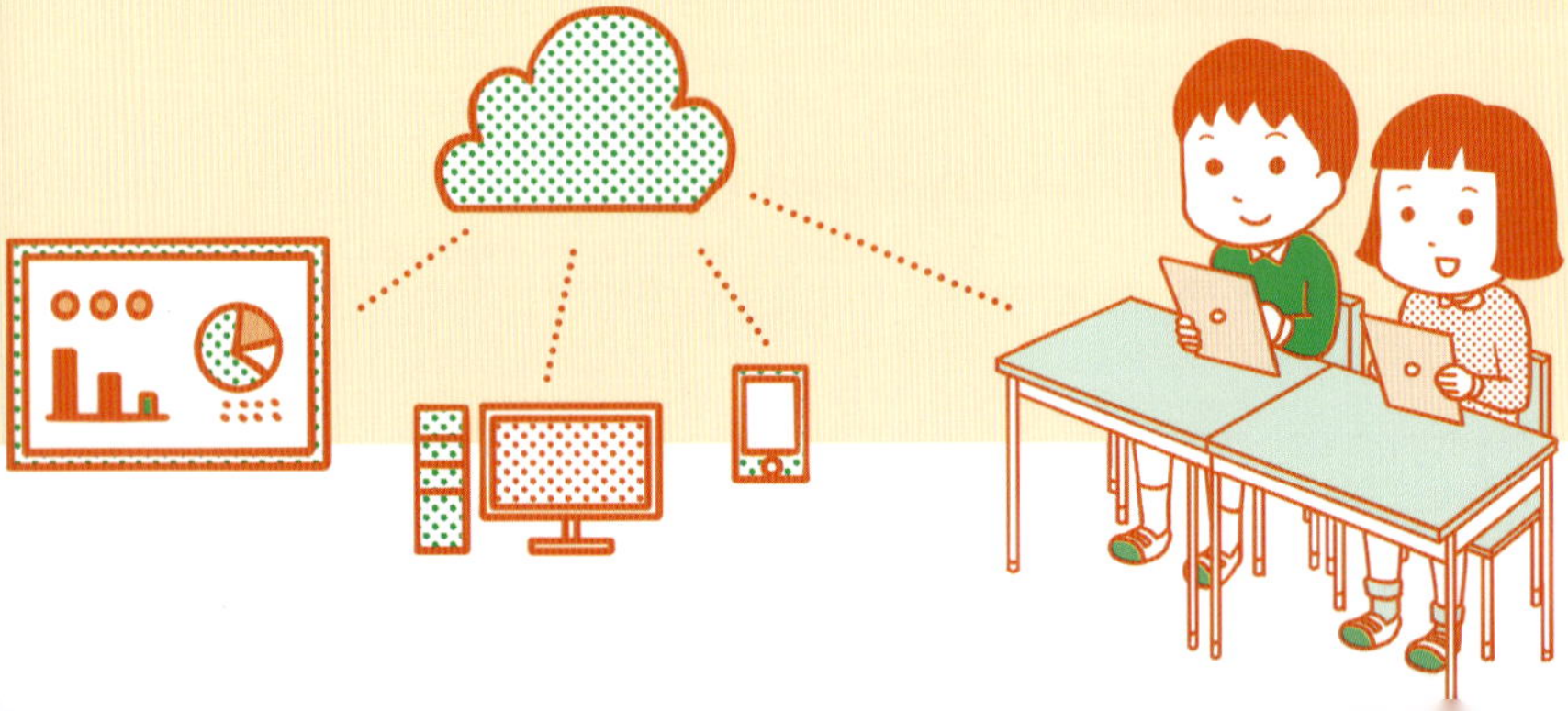

未来の子ども② 学校編

小・中・高校の新学習指導要領が2020年から順次全面実施となります。目まぐるしく変化する社会に対応できる子どもを育てるために、学校でもさまざまな準備が進められています。

◇新学習指導要領

新しい時代の「生きる力」を育む

子どもたちが社会の変化に対応できる「生きる力」を育むために、「実際の社会や生活で生きて働く、知識及び技能」「未知の状況にも対応できる思考力、判断力、表現力」「学んだことを人生や社会に生かそうとする、学びに向かう力、人間性」の「3つの力」をバランスよく培うことが目標とされています。

文部科学省「学習指導要領『生きる力』」

◇新しい取り組み　人間としての強みを育む新しい教育

プログラミング教育
コンピュータがプログラムによって動き、社会で活用されていることを体験し、学習します。

言語能力の育成
国語を要として全ての教科等で子どもたちの言葉の力を育みます。

理数教育
観察、実験などによる科学的に探究する学習活動や、データを分析し、課題を解決するための統計教育を充実します。

文部科学省「学習指導要領『生きる力』リーフレット」

文章の意味を正確に理解するための読解力や、数学的思考力などの基盤的な学力、および、情報活用能力の確実な習得のためにさまざまな新しい教育が取り入れられます。

◇先端技術とスタディ・ログ　進む技術と教育ビッグデータの連携

- 遠隔・オンライン教育
- デジタル教科書・教材
- AIを活用したドリル

スタディ・ログ（学習履歴）と呼ばれる個人ごとの学習等に関する細かな記録やデータが収集・蓄積されます。デジタル教科書・教材やAI、センサー技術などの先端技術と組み合わせて、その子に最適化された学びが実現しそうです。

文部科学省「新時代の学びを支える先端技術活用推進方策（最終まとめ）」（令和元年）

◇教員採用競争率（倍率）

教員の採用競争率（倍率）は、平成12年度の12.5倍をピークに平成30年度は3.5倍となり減少傾向が続いています。
教育の質の維持という観点から、今後深刻な課題となる可能性があります。

文部科学省「公立学校教員採用選考試験の実施状況について」（平成30年度）

◇労働時間

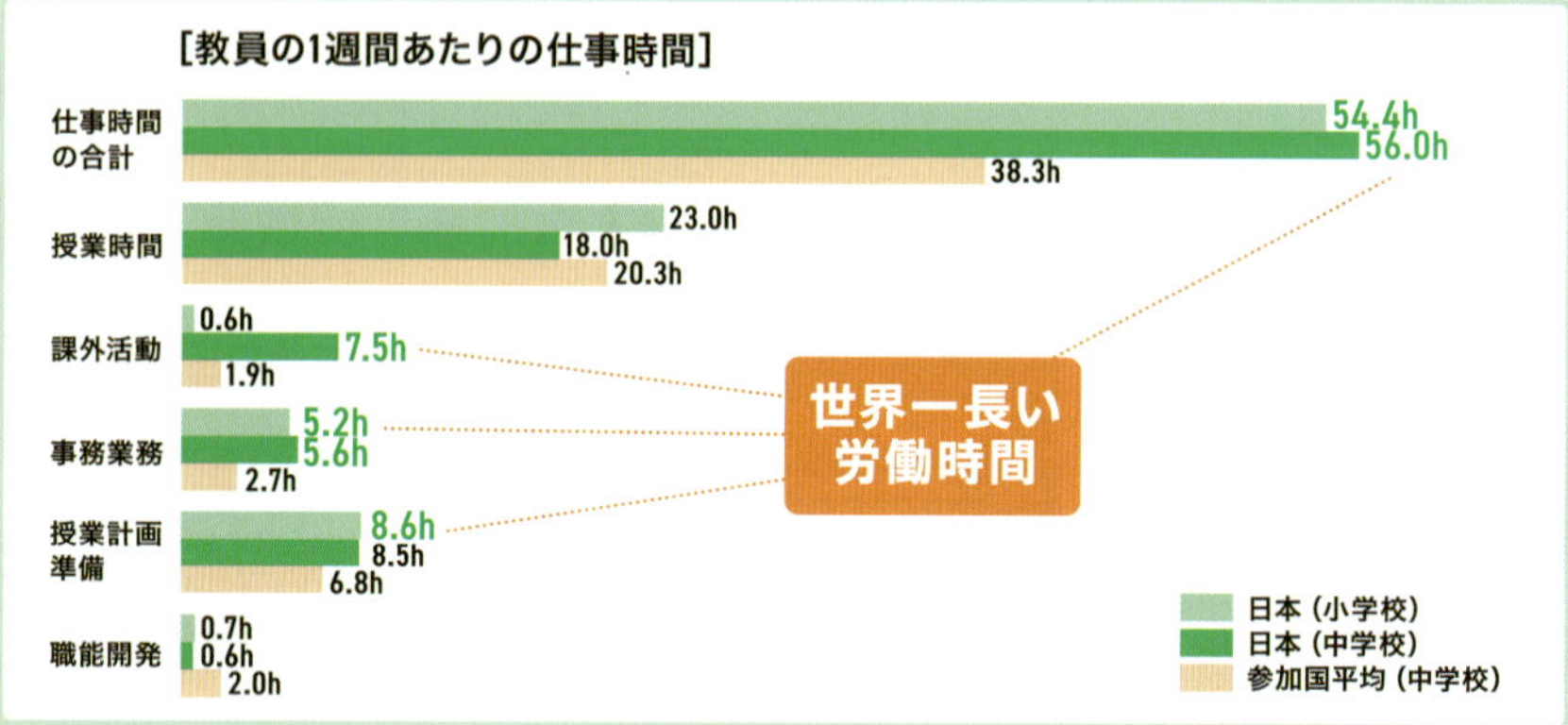

OECD「TALIS（国際教員指導環境調査）」（2018年）

国際的な教員の勤務環境の調査によると、日本の小中学校教員の仕事時間は、参加48カ国中でもっとも長時間であり、人材不足感も大きいとの結果となりました。

◇病休による休職　増える精神疾患を理由とする病休

うつなど、教員の精神疾患による病気休職者数は5,077人（平成29年度）で、全教員に占める割合は0.55%でした。これは、病気が理由の休職者計7,796名のうちの65%であり、この10年間で一番高い割合です。

文部科学省「公立学校教職員の人事行政状況調査について」（平成29年度）

教師の現在

現在、日本の教員数は小・中・高合わせて約100万人です（小学校教員は約42万人）。働き方改革が叫ばれる中、学校現場はさまざまな課題を負っています。

◇教員の年齢構成

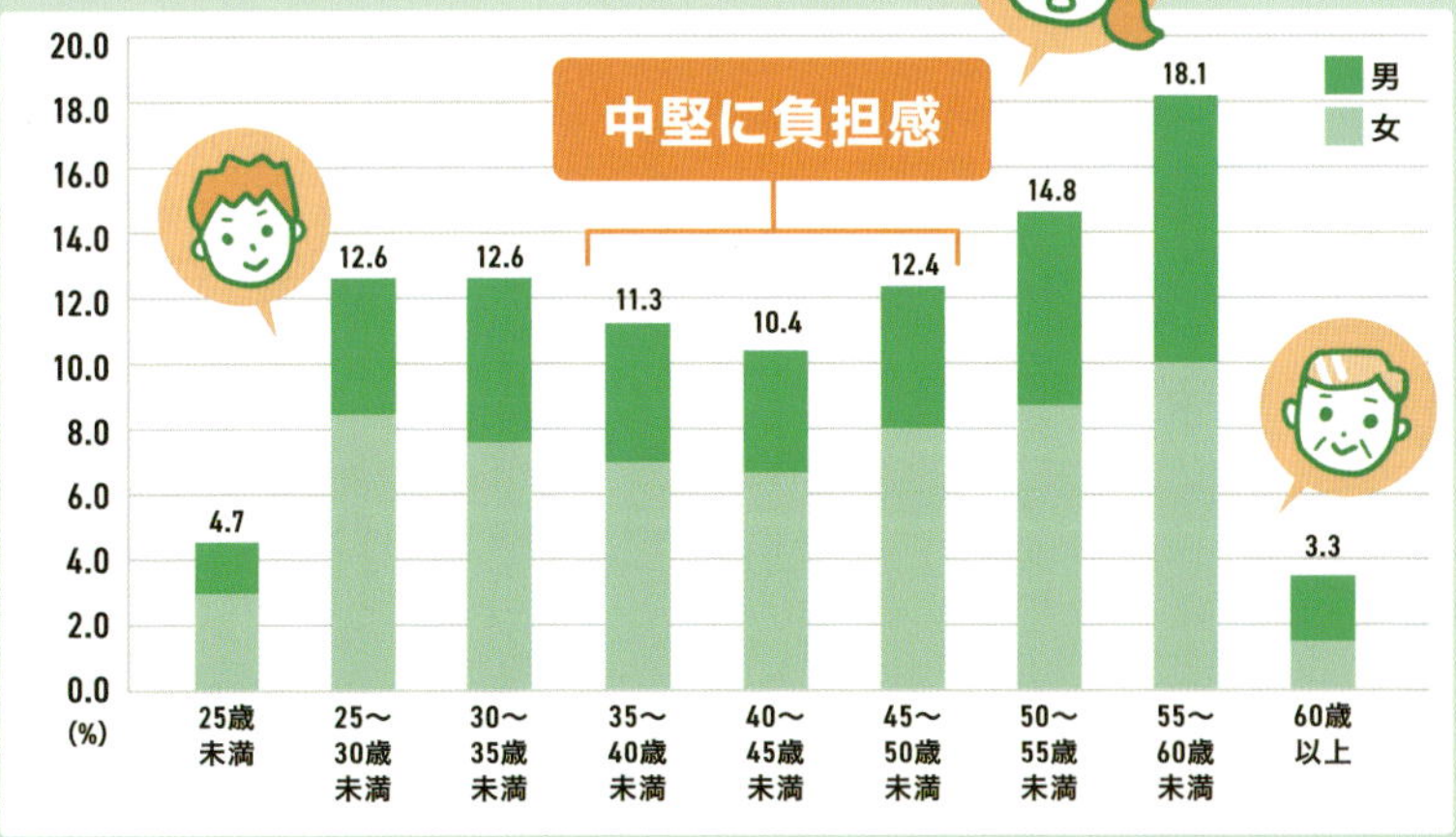

文部科学省「学校教員統計調査」（平成28年度）

公立小学校の教員の平均年齢は43.4歳（平成28年度調査）と、平成19年から若年化傾向にあります。ベテラン教員の定年退職が進み、若手が増え、中堅の教員が少ないいびつな年齢構成となっています。

◇非正規雇用の教員

平成17年度
8.4万人
(12.3%)

平成24年度
11.3万人
(16.1%)

増える非正規雇用

うち、非常勤講師＊：約5.1万人（7.2%）
臨時的任用教員：約6.3万人（8.9%）

文部科学省「教職員定数改善の必要性」（2012）

公立小中教員における非正規教員数は、数・割合ともに上昇傾向にあります。仕事の質の担保や、教員のキャリア形成の観点からも注視の必要がありそうです。

＊非常勤講師の数は、5月1日に勤務している実数

未来の子どもと教師の現在

解説　佐藤和紀

人工知能（ＡＩ）やドローン、自動運転などの新しい技術を利用した商品やサービスのニュースが、毎日のようにテレビやウェブで飛び交っています。スマホや各所に取りつけられているセンサー、ＩoＴなどから転送された膨大なデータをＡＩが解析し、ロボット技術が自動化する。このような急速に高度化する先端技術が、非連続的に社会を変えてしまう「Society5.0」の時代が現実のものになってきています。口絵のii～vページでは、子どもたちを取りまく環境の変化を、いくつかの重要な指標をもとに示しました。近い将来、世界の人口が百億人を突破する中、日本の人口は急激に減少すると予測されています。学校教育もまた、学ぶ内容、方法ともに変化は避けられません。これからの教師は、情報技術が社会に与えているインパクトやリスクを把握しつつ、これらを上手に利用し、共存して生きていくための力を子どもたちに教えていく必要があります。

一方で、長時間労働、教員採用試験の倍率の低下、若手教師の大量採用とベテラン教師の大量退職、家庭や地域の教育力の低下など、学校現場にはさまざまな課題が蓄積し、疲弊しています。その疲弊は、最終的に学級担任の負担へと向かっていきます。こうした中にあっては、教師が身につけていなければならない教育技術や、子どもと教師が励まし合いながら困難を乗り越えていくための学級経営に関する知識や技能、方法論について振り返り、新しい時代に向けて捉え直していく必要があります。なぜなら、今後、教育技術や学級経営の力がない教師は、ますます元気がなくなっていくことを容易に予測できるからです。

本書は過去に小学校教師の経験を持つ三名の教授が「これからの時代の教師の役割・能力・考え方」についてディスカッションしたものをベースに構成しました。「教育技術」「学級経営」「ＩＣＴ教育（情報活用能力）」を軸に、これまでの日本の教育を総括し、これからの日本の教育のカタチを議論します。

“先生の先生”が集中討議！

子どもも教師も元気になる

「これからの教室」のつくりかた

～教育技術・学級経営・ICT教育
新しい時代のグランドデザイン～

目次

※本書は二〇一九年六月二日（日）に東京駅近くの会議室で行われた堀田龍也氏、赤坂真二氏、谷和樹氏による鼎談を基に構成されています。当日はコーディネート役の佐藤和紀氏の他に、オブザーバーとして十七名の教師が参加していました。

第1部 教育の現在

－Education now－

第1章 教育技術はなぜ広がっていかないのか

佐藤▼　「これからの時代の教師に求められる役割、能力、考え方、取り組み方」ということで、鼎談を始めてまいります。私は、本日コーディネート役を務めます常葉大学教育学部の佐藤和紀でございます。よろしくお願いいたします。今日は、上越教育大学から赤坂真二先生、玉川大学から谷和樹先生、東北大学から堀田龍也先生をお呼びいたしまして、本テーマで鼎談をしたいと考えております。

まず早速なんですが、三人の専門家の先生方から自己紹介をお願いしたいと思います。赤坂先生から順番に、自己紹介をお願いいたします。

赤坂▼　新潟県の上越教育大学からまいりました、赤坂真二です。

元小学校の教員で、十九年間、新潟県の公立小学校に勤めておりました。

現在は教職大学院で教授をやらせていただいておりますが、専門は学級経営、生徒指導、教育相談を担当させていただいています。どうぞよろしくお願いいたします。

谷▼ 玉川大学教職大学院で、主に現職の先生方を教えています。ストレートマスター（学部を出て、そのまま教職大学院に進学した院生）や学部の子たちの講義も、一応はもっています。専門としては教育技術。現職時代から、「教育技術の法則化運動」という団体で勉強していまして、今は、TOSSといいますけれども、そこに所属をしつつ、大学でも同様のテーマ、教育の方法と技術、それからICT関係の教育技術等を教えております。今日はよろしくお願いします。

赤坂真二氏

谷和樹氏

堀田▼ 東北大学大学院の情報科学研究科というところにおります、堀田でございます。私もこのお二人と同じように小学校の教員からスタートしましたが、ちょっと早めに大学に移りました関係で、大学に移ってからもう二十年以上経ちました。ですので、小学校の教員だったということはだいぶ昔の話になります。大学に移ってからは主に、教えるのにICTをどう使えばいいかとか、テクノロジーが発展した時代にどういう能力が子どもたちに必要か、リテラシーのような能力が子どもたちにないといけないか、そのことについて先生をどうやって教育していけばいいのかみたいなことについて、ずっと研究をしています。

堀田龍也氏

専門は、教育工学という学問分野で、とりわけ情報教育とかICTを活用した授業とか、そういうことを研究してます。基本的には、谷先生のように「分かりやすく、子どもにしっかりと身に付けさせる」という授業でどうやってICTを使うかということや、「テクノロジーも介して、いろんな人間同士のコミュニケーションや、お互いの良いところを認めあうようなこと」をどうやっていけばいいかという、赤坂先生のテーマともつながっていることをやっています。僕の場合は、テクノロジーが前提でいろいろやるというところが研究テーマです。

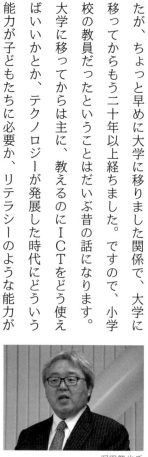

佐藤▼　今日はこの三人の先生方からお話を聞いてまいります。まずは、谷先生から「教育技術」について、お話をお願いいたします。

佐藤和紀氏

向山洋一氏が広めた教育技術について

谷▼　まず教育技術という観点からお話しいたします。教育技術というものが確かに存在するということは私たちも分かっているし、私たちの先輩の諸先生方も、おそらくそのことについては、異論はなかっただろうと思います。しかし、必ずしもそれがきちんと対象化され、科学的にどのようにその教育技術を身に付けていくかということは意識されていなかったのが、私が若い頃の状態ではなかったかと思います。そのような状態の中で、教育技術を日本の中に、いわば、先生方に対して明確なメッセージとして広げていった人物ということで、向山洋一先生[1]の名前を挙げないわけにはいかないだろうと思います。これがご著書なわけですけれども、『新版 授業の腕を上げる法則』（学芸みらい社）という本です。これは大変なベストセラーで、おそらく学制発布以降で、戦後、教育書というカテゴリーの中では一番たくさん売

（1）東京都生まれ。東京学芸大学卒業後、東京都大田区立小学校の教師を長年勤める。全国の優れた教育技術を集め、教師の共有財産にする「教育技術法則化運動」TOSS（トス）代表。日本教育技術学会会長。

れている本であり、一番長く売れている本だろうと思うわけです。今持っているこの本は、二〇一五年に改訂版として出版されたものなのですが、改訂前の『授業の腕をあげる法則』（明治図書・現在は絶版）は一〇〇刷以上になっていて、多くの先生方がお読みになっていると思います。

　向山先生が定義した内容というのは幾つかありますけれども、簡単に申し上げていきますと、「教育には技術・方法が存在する。その技術・方法というのは当然、さまざまにあり得るので、完成された唯一のものがない。それが発表され、使用され、教室で試みられ、そして検討を経てまた改善されていくという、そういうサイクルを通っていくことが必要だ」ということです。ある種、フォーマットを作られたわけですね。そのフォーマットは当時、「教育技術の法則化論文」という形で展開されました。発問と指示を明示する、あるいは、そこに留意点等も加えて明示するという形で向山洋一先生は運動を始められました。

　ここで、発問、指示等を明示しながら広げていこうとしている教育技術というのは、いわゆる、教科指導技術とか学級経営指導技術といわれるようなタイプのものだと思います。例えば、あらゆる側面において、「この技術よりはこの技術のほうが少し良いんじゃないか」といったような技術が存在するわけですね。例えば、一番初めに向山先生がおっしゃって有名になったのは、跳び箱を跳ばせる技術。子どもたちが跳び箱を跳べないという状態のときに跳び箱を跳ばせるには、いろんな方法があるわけです。当然、三種類も四種類もあるわけですが、中でも、「こういった方法を選択し、その方法を試みた場合には、一番効率よく跳ぶことができる」というようなことを発表されたわけですね。

この指導法は、「向山式跳び箱指導法(2)」として全国に広がりました。全国に広がっていったわけではありますけれども、私もいろんな学校に行くんですけれども、いまだに跳び箱の跳べていない四年生、五年生あたりが存在する状態があるんじゃないかと思います。

オブザーバーの先生方、いかがでしょうか。大体、低学年の間に跳び箱の三段、四段程度はほぼ全員跳べているというのが一般的になってますか?「跳べなくてもいいじゃないか」とか、「跳べる技術は技術にすぎないだろう」

(2) 腕を支点とした体重の移動を体感させる跳び箱指導法。跳び箱にまたがった状態から手を着いて着地させるA式と、走ってくる子どものお尻と二の腕を支えて跳ぶことを補助するB式からなる。この教育技術を使った新卒教師や体育の苦手な教師から、跳べない子どもを跳ばせることができたという報告が多数届いている。

といったような議論もあるかと思うんです。ただ、跳び箱指導という運動の原理からいうと、まず、「またぎ越し局面」(3)ができないことには次の、第一次空間を大きく取り、そしてしなやかに跳躍、しなやかに着地していくといったような指導手順に進めないではないかと。そうすると、まず全員を跳べるような状態にしてあげるという技術。これを先生方が身に付けているということが重要なのではないかと。それで、その指導技術にはいろいろある。それを先生方が分かった上で選択するというのはいいんです。けれども、跳べていない子どもが多数存在しているというのはおかしいっていうのが問題提起だったわけですね。跳び箱は分かりやすいので、今、例として取り上げたわけですけれども、このようなことが、跳び箱に代表される、あらゆる教科のあらゆる場面にあるんじゃないかと思うのです。

例えば体育で言えば、逆上がりもそうだし、二重跳びもそうです。逆上がりであれば、「こういう条件の子どもにこれくらいの期間、こういう教え方をするとこういう達成率になりますよ」ということが分かっているけれども、それをご存じの先生がほとんどおられないのはなぜか。二重跳びも全く同じですね。「こういうことで、こう教えればこうなりますよ」ということが大

(3) 向山型跳び箱指導C式のこと。跳び箱一段の前に立ち、あるいは手前端にまたぐようにして立ち、向こうの端の方に手を着いて跳び越す方法。

体分かっているのに、多くの先生方がご存じないのはなぜか。物語文を指導するときに、いろんな教え方があるにせよ、おおむね教え方にある種、定石的なことがあって、「こういう発問と、こういう発問と、こういう発問」というくつかの発問は、一般的に、普通するだろう。普通はするけれども、それを分かった上で「今回はしない」というのなら分かるんですけれども、そうではなくて、どうも行き当たりばったりに、その先生の直感で教えておられるような感覚がある。

それはなぜだろうかと。

説明文も同じ。漢字指導も同じ。子どもたちがいつまで経っても漢字を書けないのはなぜか。とりわけ、クラスの中に一、二割いる全然漢字が書けないお子さんが、卒業するまで漢字が苦手なまま卒業してしまうのはなぜか。これも効果的な指導法が各種提案をされ、そのことを多くの雑誌等でも取り上げられているにもかかわらず、多くの先生がいまだに宿題だけに頼るとか、「ノート一ページ書いていらっしゃい」というような指導方法に頼り続けているのはなぜか。そういったようなことが問題提起としてあったわけです。「これはやっぱり、私たちが一つ一つ勉強をし、広げていくという仕組みをつくっていかなければならないな」というんで、今も私たちはその活動をしているわけです。

もう一つ、この本の中で定義したことは二つ目のカテゴリーでして、大きな枠組みでの原則があります。例えば、「子どもたちに何か指示するときには、その指示の意味を語った方が良い」といったようなことですね。これを「授業の原則」(4)というふうに呼びます。

ここにお集まりの先生方にはご存じの方がほとんどじゃないかと思うんですけれども、意味を説明するっていうのが「第一条　趣意説明の原則」と言われるものですね。「意味が分からないで行動させるのではなく、なぜそれをするのかをほんの少しでも教えてあげないと、子どもたちは気持ち良く動けないよ」ということですね。あるいは、「第二条　一時一事の原則」(5)というのは、堀田先生と佐藤先生がお書きなった本でも取り上げられていますけれども、非常に汎用的な原則として、こうやってまとめられたわけですね。こういったものの一つ一つ

授業の原則一〇カ条

第一条　趣意説明の原則
第二条　一時一事の原則
第三条　簡明の原則
第四条　全員の原則
第五条　所・時・物の原則
第六条　細分化の原則
第七条　空白禁止の原則
第八条　確認の原則
第九条　個別評定の原則
第一〇条　激励の原則

(4) 第一条＝趣意説明の原則、第二条＝一時一事の原則といった「授業の原則」を示したもの。全一〇条からなる。向山洋一（二〇一五）『新版　授業の腕を上げる法則』（学芸みらい社）に詳しく載っている。

(5) 「ノートに教科書五十六ページの四角の三番の問題の答えを書きなさい」のように羅列的に指示するのではなく「ノートを出しなさい」「教科書五十六ページを開きなさい」のように一時に一事を指示する教育技術のこと。

をちゃんと理解し、場面場面で今、「簡明の原則」(6)が必要だなとか、今、「空白禁止の原則」(7)が必要だなということがちゃんと分かっている先生の方が、やはりその教室を上手にコントロールし、授業を上手に展開していける傾向があると思うんですね。

私も、若いときにこれを勉強して、やっぱり自分の授業が非常に質的に変化していくなということを実感としてもったことがあるわけなので、そういったことを大切にしなければならないんだということは、多くの若い先生方にも今、大学でお話をしているところであります。こういう重要なものがあり、これがもしかするとベストなのか、それとも、これ以外の原則もあるのかということについては議論があっていいと思うんですね。しかし、いずれにしても、こういったものについて定義をしたのは向山先生が最初だったのではないかと、日本の教育シーンではそうだったんだろうと思います。

「教師のベーシックスキル」とは

谷▼ さて、「今のような教科で子どもたちをどうすればできるようにするか」というテクニカルな技術を最初にお話しました。「跳び箱が跳べる」

(6)「もっと頑張って跳び箱の練習をしましょう」のような抽象的な指示ではなく、「一人が三回跳んだら先生の所に集まります」のように短く・限定して指示や発問をする教育技術のこと。

(7) 空白の状態を作らない教育技術のこと。「ノートに答えを書きなさい」↓「答えを書き終わった人は、そう考えた理由もノートに書いておきなさい」のように指示し、「今、何する時間?」という状態を作らないようにすること。

ですね。それから、もっと汎用的な原則のお話をしました。ではその次に、それとは別に、もう少し技能的なものというんでしょうか。何となく、文字には、しにくいわけですけれども、確かに授業の上手い先生と下手な先生というのがおられて、どうも上手い先生というのは、事後検討会で検討するような内容以外の何かが上手いようだということに気が付くわけですね。それを「ベーシックスキル」という名前で呼んでもいいし、あるいは教師の授業技能と呼んでもいいし、あるいは、欧米ではimmediacy（即時性）といったような単語を使って、その空間で直感的に対応できる、そういう力量をもった教師の力が必要だというような形でも言われるようですが、ここに挙げているようなことを技能として身に付けることも必要だということが定義されています。上手い、下手っていうのがあるんですけれども、私は大学で教えるとき、先生方の授業を拝見すると、確かに授業の上手い人もいますが、やっぱり下手な人もいます。なんとなく、その中間ぐらいの人はほとんどいなくて、上手いなと思うか、下手だなと思うかどっちかなんですよ。ちょっと聞いてみますけれども、今、堀田先生が若い先生の教室に授業参観に行くとしましょう。そこで、「この先生上手だな」とか、「この先生はちょっと良くないな」ということの判断をするのに、どのくらいの時間、授業を見ればいいと思われますか。

何分くらい、あるいは何時間くらい。一時間見れば分かるのかとか、一時間では無理だろう、やっぱり一単元、まとまった時間見ないと、上手い、下手は分からないだろうとか。あるいは、もっと短いんじゃないかとか、みなさんも、ちょっと予想してみてください。

やっぱり一時間ですかね。三分くらいですか。三分も要らないですか？

堀田▼ 要らないな。

谷▼ 堀田先生は三分も要らないというご意見です。もちろん、一時間見なければ分からない内容もあるんです。例えば、一時間の組立は分かりません。時間配分も分かりません。一単元見なければ分からない内容もあります。それはそうですね。その単元の組立があるわけですから。しかし、それとは別に、三分見なくても分かる何かがあると。この何かとは何だろうという問題なんですね。ちなみに、三分見なくてもと堀田先生はおっしゃいましたけど、私の場合は多分、一分は要らないなと思いますし、下手したら、教室に入った瞬間にもう大体予想ができると思います。入った瞬間、授業が始まってなくても分かるという感覚があります。これは多分、スポーツとか音楽とか、何かの道でちょっと極められた人には共通してもっている現象ではないかと思いますね。相手と対戦していないのに、相手の佇まい、道具をしまうときの所作、座ったときの身のこなし方、そういったものをちょっと見ただけで「これはできるな」という感じるあの感覚ですね。やっぱり、そういった何かがあって、それは何だろうということですね。

それを技能と呼ぶわけですが、あえて分解してみると、こういう（左図）①番から⑦番のような内容が含まれるんじゃないでしょうか。

他にもあるかもしれませんが、こういった内容について、先ほどから、どうやってその技術を身に付けていくのかという話になっているわけです。こういったタイプの技能と、さっきの教科の専門的なテクニカルな技術と、原則的な法則性のある

教師のベーシックスキル7

① 表情（笑顔）
② 声（声量・トーン）
③ 目線
④ 立ち位置・動線
⑤ リズム・テンポ
⑥ 対応・応答
⑦ 作業指示

もの。そういったものを先生方がしっかりと身に付けていくのに、どういう勉強の仕方を通過すれば、どの先生もある一定の力に到達するのか。それから先の、さまざまなバラエティに富んだお力は当然あるわけですけどね。これを「上達論」と呼びます。上達論としては、例えば岡本薫先生(8)というような方とか、岡本浩一先生(9)というような方とか、幾つかご著書もあって大変勉強になるわけですけれども、やっぱり、それにも何らかの法則性があるだろうと思えるわけですね。これは向山洋一先生がお書きになってるものを写してきたわけですが、そういった点では、上達論の目安として、さっきの技能的なものでいうと、緊張感のある場面を通過し、上級者からの指導と代案が必要だという、この二つの条件がやはり必要だろうということをおっしゃいましたね。私もそうだと思います。

いかなるスポーツであれ、音楽であれ、ある種、技能的なものというのは、そういった場面を通過しない限り、決して上手くはならないということは言えると思います。そして、「黒帯六条件」というのは、随分前に向山洋一先生がお書きになったものですけれども、「優れた技術と方法をまず一〇〇くらいは知っていますか」と。それから、「優れた授業だと言われたものを

(8)『日本を滅ぼす教育論議』(講談社現代新書)の著者。日本人は教育論議を不得手としているという主張を著書の中で展開している。

(9)『上達の法則 効率のよい努力を科学する』(PHP新書)の著者。向山洋一氏が提唱した上達論と相通ずる部分がある。

一〇〇くらいは真似してみたことがありますか」と。で、「論文を一〇〇本くらいは書きましたか」――ここでいう（学術）論文というのは、現場の先生方にはちょっと難しいことですけれども、他の人に分かち伝えていくつもりで書く、自分の発問シートを明示した、やや指導案的なものです。それを一〇〇本くらいは書きましたかと。「研究会に一〇〇回くらい参加しましたか」、「研究授業を一〇〇回しましたか」と。「身銭を切って学ぶ」というのは、「お休みの日などを潰し、自ら学ぼうとしたといったようなことがありますか」ということを提起されたことがあります。なるほ

1 向山洋一以後の教育技術への関心の高まり

2 授業技術

(1) 原則的技術（授業の原則10か条）
(2) 技能的側面（ベーシックスキル）
　① 上手と下手
　② 数分で分かるのはなぜか
(3) 教科指導技術
　① 跳び箱・逆上がり・二重跳び・水泳…
　② 物語文の指導・説明文の指導
　③ 漢字指導
　④ 九九指導
　⑤ 文章問題の指導
(4) 上達論の目安
　① 緊張感のある場面の通過
　② 上級者からの指導と代案
　③ 黒帯六条件
　　一、すぐれた技術・方法を100学ぶ
　　二、すぐれた授業の追試を100回する
　　三、論文を100本書く
　　四、自主的研究会に100回参加
　　五、研究授業を100回する
　　六、身銭を切って学ぶ（100万円）
　④ 技量検定等

http://www.tosskansai.jp/kentei/index.htm

谷氏の提示資料

ど、もっともだなと思うわけですね。

最近では、私たちの活動としては、授業技量検定(10)という形で、「自分より上手だな」と思う人に審査員になっていただいて、その目の前で五分間なり、一〇分間なりのちょっとした授業を展開して見せ、その上で、先ほどのような、ベーシックスキルみたいなことを含め、発問、指示の質、組立、そういったことも採点していただこうといったような動きを、今、行っているところです。スタートしてもう十五年くらい経ちますかね。四〇〇〇〜五〇〇〇人の方が受験をされているような状態だと思っています。今、授業技術という点で、向山先生を起点とした動きをお話ししてきました。これに対して、いろんな学会等でも同様の動きは当然あるでしょうし、授業技術ということに関しては、最近は教育委員会等の冊子にも取り上げられるようになり、裾野の広い動きが始まっているということについては、私もそう思うわけです。しかし、現場を見ると、必ずしも授業技術を効果的に活用している先生が多くないということは実感として思わざるを得ず、やっぱり、これはまだまだこれからの課題でもあるんだろうというふうに思っています。

(10) TOSS主催の教師の授業技量をできるだけ客観的に示そうとする検定試験。自称授業名人が多数いる教育界に、初めて明確な「授業技量」の目安を示した。二〇一九年九月現在、五〇〇〇人以上が受検している。

まずは、「師匠をしっかりトレースしていく」

赤坂▼　本当に、谷先生はどうして原稿なしでこんなにスラスラしゃべれるのか、感心していました(笑)。ところで、先ほど谷先生がおっしゃった「授業の原則一〇カ条」というのは、本当に新採用のときから勉強させていただいています。向山先生の著書は何冊も持っています。

谷▼　これですね。

赤坂▼　その最初のモデルですね。

谷▼　明治図書から出てるやつですね。これ、また別の出版社(学芸みらい社)から出されたもので。

赤坂▼　その本は、自分たちのサークルでも読み合ったりして、勉強する中で、「なるほど、こうや

るとやっぱり子どもは動くんだな」ということを、かなり勉強させていただいたという、そういう経緯がありました。確かに、技術を磨いていくというときに、それを言ったとおりやっていくということはすごく大事だと思うんですが、やっぱり教育技術の法則化運動(11)がばーっと全国に広がったときと今では、子どもたちの現場とか状況が変わっているところがあるんですね。子どもの実態のグラデーションは、かつてよりも今の方が多様性が広がってきたという、そこら辺をどうやって克服しているのかというところをぜひ、谷先生にお聞きしたいなと思っています。

谷▼ どうやって克服したのかという点では、まだ克服できていないんだろうと思うんですね。やっぱり、今おっしゃるとおり、子どもたちの特性みたいなことが非常に多種多様化してきています。子どもたちだけではなく、地域、それから家庭といった点でも、さまざまな価値観が広がっている中で、先生方、とりわけ若い先生方が保護者、家庭、地域と関わっていくことが、大変難しい時代になったということは確かに実感します。そういった中で、だからといって、現場は、もう明日から子どもと向かわなければならないので、

(11) 向山洋一氏が一九八四年に立ち上げた運動のこと。「跳び箱を飛ばせる技術が、教師の世界の常識にならなかったのはなぜか?」という問いから運動がスタートした。多様性・連続性・実証性・主体性の四つの原理を基本理念としている。二〇〇〇年に解散した。

これに対して、やっぱり私たちも何らかの形で勉強を続けなければならない。政治的、あるいは制度的に提言をしていくということは当然重要で、堀田先生もそういったところにお関わりになってるわけですが、私たち現場にいる人間としては、「まず目の前の子どもにできることは何か」というところを考えます。すると、やはり発達障害の子どもたちにどういうアプローチの仕方が必要かということで、現場的なところから、「こういう傾向のお子さんがいるときにはこういうふうなやり方がありますよ」とか、あるいは、「こういったような問題点、子どもの問題点、家庭の問題点があったときにはこういうやり方をすると何とかなりました」「何とかなったけれども、その後、何とかならない場合もありました」みたいな経験を共有し合おうという動きをしています。

また、この発達障害のある子どもたちに対するアプローチというのは、やはり原則があって、欧米に行くと、そういったことがシステマタイズされた形で進んでいますので、そういった情報を共有し合おうと。それからお医者さんとも連携をしていて、東京では宮尾益知先生[12]とか、大阪では和久田学先生[13]とか、鳥取では大野耕策先生[14]など、いろんなお医者さんの知見も教育現場

(12) どんぐり発達クリニック院長。一頭地を抜いた発達障害に対する見識で、数多くの子どもや保護者、教師を救っている。

(13) 子どもの発達科学研究所主席研究員。教師の勘と経験で子どもへの指導が行われている現状を憂慮し、科学的根拠に基づいた指導方法を学校現場に取り入れることを推奨している。

(14) おおのこども発達クリニック院長。発達障害の子どもたちへ医学的支援を行っている。

の先生方との知見と合わせながら勉強を続けています。この特別支援の視点がまず重要だと思います。あとは、当然いじめの問題をどうするのかという問題。それから虐待の問題をどうするのかという問題等も含め、一つ一つについて学校の中にどういう仕組みを構築していくのかということについて、具体的な情報交流が必要となります。

赤坂▼　私もまさしく、特別支援のことを考えているところです。それから、子どもたちへの虐待の問題、そういったところにも対応していくという視野があるということを、今お聞かせいただきました。一方で、技能を身に付けていくときに、かつては職人が師匠の元に住み込むような形で、師匠をまるごと見て、それを反復することで身に付けていくという、技術的熟達者モデルであったと思うんですが、現場はとても多様化してるので、ただ師匠のやってることを真似するだけでは、なかなかうまくいかなくなってしまうという、そういった現状もあろうかと思うんですね。そういうときに、何か、技術を身に付けるための効果的な手立てみたいなものを、そういった知見をみんなで分かち合うことをしてるのかどうか、そこら辺をお聞きしたいです。

谷▼　まず、「師匠をしっかりトレースしていく」ということについて、最近では、それには限界もあるのではないかというご指摘なんですが、限界はあるということを認めるのですが、そもそもトレースしきれていないという現状があります。「この先生すごいな」と思う先生に学ぼうと思うけど、どこか中途半端になっているケースのほうが多いんじゃないかと。世の中で、全集をお出しになるような非常に優れた先生方、あるいは多くの方がその人の話を聞きたくて集まるような優れた先生方っていうのは、やっぱり私たちに分からない何かをもっておられて、その先生方から学ぼうと思うときに、ちょっとつまみ食い的に何年か勉強してみただけでトレースできるとは思えない。だから、赤坂先生がおっしゃるように、まさに住み込みみたいな状態でとことんトレースしてみたんだろうかというように考えますよね。そして、不易と流行(15)という点では、そういった先生方がもっていた技術、技能、あるいは思想的なことまで含めて受け継いだ場合には、いかに時代が変化し、いかに難しい時代になろうとも、やっぱりそこには教育技術として共通する安定した何かがあるというふうに、私は思うんですね。

もう一つは、そういった、職人技的な先人たちがやってきたことっていう

(15)「授業の原則一〇カ条」に代表されるいかなる時代にも必要とされる教育技術（方法）と、AIの進展に代表されるこれからの時代に必要とされる教育方法のこと。

のは、いわば職人の勘なわけですけれども、それが実は科学的なエビデンス(16)に裏付けられつつあるんです。「統計的にはこういったことも言われています」あるいは、「欧米の科学的な内容では、このやり方は確かに効果があるということも分かっていますよ」といったことも同時にシェアしていかないと、今の時代のさまざまな状況には対応していけないと思うんですね。だから、不易と流行、両方必要だということは確かに思ってます。

赤坂▼　分かりました。すごくすっきりしました。やっぱり、学生さんたちに指導してて、非常につまみ食い的な人が多いので。

谷▼　そうですね。

赤坂▼　そこら辺のところで、提唱者たちの言っていることがなかなか隅々までには届いていかないというのが、一つのネックになっていると思うので。でも、今、谷先生のお話で、やっぱり徹底してトレースするという、その基本がまず大事だなということを納得しました。

(16) 科学的根拠に基づいた指導方法のこと。

なぜ、教育技術が広がらないのか

堀田▼ 僕は聞いてみたいことが二つあります。一つはですね、とりわけ、若い頃に僕も『授業の腕をあげる法則』を何回も読んで、自分の学級経営でもいっぱい追試して、「自分の普段の授業では一生懸命考えても上手くいかないのに、これで発問するとみんながすごく動く」ということを体験し、そして、自分の現状の技術と卓越した技術、それは本に書かれたものを読んだだけなんだけど、その距離みたいなことを感じて、「何が違うんだろう、何が違うんだろう」と模索してた時期がありました。そういう経験を若い人がもっといっぱい、ちゃんとすべきだと思います。

一方で、「なぜ、まだ十分に広がらないんでしょうね」ということをやっぱり思います。それは今、谷先生の一番の命題なんだと思うんですが。例えば、分かりやすいんで跳び箱を例に挙げますが、『跳び箱は誰でも跳ばせられる』（明治図書）という本がありますけど、そういう技術が広がらなかったのはなぜか。僕はやってみたら、本当に子どもたちが跳べるようになりましたね。そういうのを見たときに、その本を買って読む人は知ってるけれど、じゃあなんでみんな買って読まないのか、買って、読んでやってみようとしないのかという、教員社会の文化的構造に、多分、向山先生は問題提起をされたんだと思うんですよね。あれから何年ですかね。三〇年くらいですか。

谷▼　一九八四年くらいからですから、三十五、六年ですかね。

堀田▼　そうですね。それで、何で、まだ知らない人がいっぱいいるのかという疑問があります。TOSSの先生方が非常に頑張られてるのはよく分かっています。なのに、何でまだそうなのかということについて、今、谷先生はどういうふうにお考えなのかなと。TOSSの先生方が一生懸命ご努力されてるのも知っているし、多分、「向山先生がそのことを言った」ということすら知らずに、形式的なことだけ知っているという人はいっぱいいると思う。そういう意味では、技術が大事だということは昔に比べたら随分普及したと思うんだけど、それでもなお、漢字の指導[17]や、ノートの書き方[18]など、非常にありふれた日々の学習の中にある子どもの学習技能につながるようなことを教えることすらおぼつかない教師がいるんです。そして、自分で一生懸命悩

(17) 向山洋一氏が提唱した「指書き→なぞり書き→写し書き」の三ステップで漢字を習得させる指導方法のこと。漢字練習を全て宿題にするという指導方法とは一線を画している。

(18) ノートに必ず学習した日付を書かせる・ノートは一行空けてゆったり書かせる等の基本的なノートの取り方指導のこと。

んで、一生懸命考えるんだけど、多分、自分で考えても何も出てこない。卓越した人のいろんな記録を読めば分かることがいっぱいあるんだけど、どうしてそうしないのかというところに、僕は非常に不思議な感じがあります。

このことについて、谷先生はどう思ってるのかということを聞きたいのが一つ。

もう一つは、例えば「趣意説明をすればいい」などの、技術の表面的なことは理解していたとして、「授業のどの場面でそれをやればいいのか」っていうことを、授業中に子どもの様子とか、状況を見ながら判断できるかということです。つまり、その技術を発動すべきタイミングを自覚的に判断できるかという、そこでコケている人が結構いるんじゃないかなと思うんです。そこじゃないよっていうところで一生懸命、教育技術を繰り出していて、「今、そうやってもどうするんだろうな」というような人を見かけるときがあるものだから、個々の技術が優れているということと、その技術を適用すべき場面認知の問題(19)とがあるような気がして、その辺を、ずっと研究されている谷先生たちはどういうふうにご理解されているのかっていうことを知りたい。ご質問したいのはこの二つです。

(19)　場面・状況に応じて使う教育技術を変えること。例えば四月から教室を綺麗にさせる指導を続けているならば、十二月には「教室を綺麗にします」のような趣意説明の原則を使う必要はない。

谷▼　一つ目の「なぜ広がっていかないのか」というのは、私たちの方でも、今、永遠のテーマとして考えているところです。構造的には、まず学校の先生を育てる機関としての大学が、そういったさまざまな民間の教育研究団体が提起してきた技術、技能をバランスの良い形で、教科ごとに教えていないのではないかと思うのが一つです。だから、そもそもそういう存在自体を全く知らないまま教壇に立ってしまう。私なんかもそうだったわけですが、そのような、非常に構造的な問題があるんじゃないかと思います。もう一つは、子どもたちに対して上手に指導できる先生がいい先生で、その先生が何となく子どもたちからもヒーローになり、保護者からも人気が出てくるといったような状況があります。上手にならない先生に対して、平等になるように助けていく、シェアしていくという体制がない。そして、上手でない先生自身も貪欲に学んでいくという気持ちがない。給料が変わらないので。

堀田▼　そこですか。

谷▼　給料が変わらないので、金銭的には、自分の技を他の先生に、どんなに教えても損をしないはずなのに、ところが、そうではない何かで満足をしている軸があるんですよね。何ていうんでしょう。「俺はちょっとできたぞ」みたいな感じですね。何となく、そこから抜けきれていないのかなと思います。それって、「斎藤喜博先生は教育技術を公開しなかったじゃないか」[20]という、向山洋一先生がこの運動を始めたときの、そもそもの根源の問いなんですね。「どうして、あの先生は上手なのに、そのやり方をみんなに教えないんだろう」と。何となく、「君たちは勉強が足りないんだから、もうちょっとちゃんとやらなきゃ。僕みたいに本質が分からないとできるようにならないよ」というので済ませて、神格化されてしまうのはなぜだろうということですね。

僕は教育技術というのはそういうものじゃなくて、技術は技術なんだからどんどん教えればいいというふうに思っているんですが、そういった文化になっていない。やっぱり多くの教育系の学会というのは、あまりそのような観点では発表はされてないんじゃないかなと思うんですよね。その辺がやっぱり難しいと思います。

（20）斎藤喜博は跳び箱を飛ばせる技術をもっていたにも関わらず、その技術を他人に分かち伝えなかった。この一連の過程は向山洋一『向山の教育論争』（二〇一六年／学芸みらい社）に詳しく載っている。

堀田▼ 給料の話は結構、僕は深刻な話だと思います。学校の先生が公務員だというのは、外国ではあまりなく、日本は珍しい国なんですよね。

谷▼ そうですね。

堀田▼ 公務員で、かつ、ほぼ終身雇用で、エスカレーターに乗ったような感じで、放っておけば、ずっと続けられるという。これは、ちょっと変えたほうがいいということですかね。

谷▼ 私はこれまで、逆に、公務員で給料が同じだからこそいいんだと信じてきたんです。ところが、やっぱり技術がシェアされないので、間違ってたんじゃないかなって、最近思い始めているんです。堀田先生にご一緒させていただいた視察などで、アメリカの仕組みを見るにつけ、もちろん別にアメリカが全部良いとは全く思ってないんですが、日本の先生が一度雇用されると、そのまま、ほぼクビになる可能性がないまま一生を終えるっていうのは、そこにも何か問題があるのかもしれないと考えています。やっぱり自分でキャリアップをし、より給料あるいは条件の良いところを求めながら勉強していくという方が、「あの先生のもっている技はなんだろう」ということを他の先生も興味をもって勉強するのかなと思うと、給料に差を付けていった方が、もしかすると良いのかもしれないなと、ここ数年、すごく考えてるところですね。

堀田▼ 危険な本になってきましたね(笑)。でも、結構これは重要な問題です。一般論ですけど、大体、子どもに教えるのが好きな人が先生になっていると思うし、ご本人は上手に教えたいと思っていると思うのですが、自分の中だけで一生懸命考えたところで、そこからは生まれて来なくて、むしろ、他者のもっている技術から学ぶことの方が、本来は多い。これはお寿司屋さんだってきっとそうだし、ラーメン屋さんだってきっとそうだと思います。自分で一生懸命考えたからといって、何となく上手になるということは多分ない。おそらく、技能的な専門職においては、やっぱり師匠から学ぶとか、先輩から学ぶとか、誰かに付いていって学ぶとか、所作から真似してみるといったことが、不可欠だと僕は思います。今、働き方改革が叫ばれるくらい忙しい教師すべてにそれをやれというのが難しいとすれば、教師の世界の社会的な仕組みとして、先輩を見習う仕組みをどうやってつくっていけばいいのか、そういうようなことを考えなきゃいけないのかなと感じながら、谷先生の一つ目の話を聞きました。

谷▼　今、堀田先生が職人技みたいなことおっしゃいましたけれども、ラーメン屋さんにしてもお寿司屋さんにしても、みんな競争原理が働いてるわけで、下手で不味ければ潰れていくわけです。やっぱり先生方には、どんなに下手でもクビにならないというところがあって、そこが一つのネックになっているんだろうと思います。

力のある先生はどんどん本を書いたらいいと思います。あるいは、ネットで配信をしたらいいと思います。そうやって対価を得るのです。

今、学校の先生が本を書いて対価、つまり、原稿料みたいなものを得ると良くないというような風潮がやっぱり非常に強くあるんですね。私はむしろ、そうではなくて、能力の高い先生が本などをお書きになって、名誉も得ていただきたいし、お金も得ていただきたい。アメリカには「ティーチャーズ・

ペイ・ティーチャーズ」(21)っていうサイトがあって、先生方が自分で開発をしたワークシートその他をネット上で自由に販売できるんですね。素晴らしいものはどんどんそこでベストセラーになっていくという現象があって、お金を取っていいわけですから先生方も積極的に情報を公開しますし、むしろそのほうが情報は広がっていくのかなという感覚はありますね。

堀田▼ 今のは「公務員と副業」とか、そういう制度的なことが影響している問題ですよね。あと、公教育の資源の確実な確保を考えたときに、先生たちがそうやって競争していくと、競争しやすい場所に優秀な先生が集まっていくことになる。そうなると、優れた先生が集まらないエリアの教育をどうするかというような問題が条件として担保されないといけないから、その仕組みづくりは難しい。でも、教師の腕が上がっていく仕組みを、社会的に保証するっていうこと自体は、完全に子どものためであり、わが国のためになるので、これは非常に望ましいことですね。そんなことを感じました。

谷▼ 二つ目は、何でしたっけ。

(21) 作成した教材を教師に販売できるオンラインマーケットのこと。世界中で八〇〇万人以上の登録者がいる。URL = https://www.teacherspayteachers.com

堀田▼　二つ目は技術とその場面認知です。

谷▼　これは、まさに私たちが「技術・技能っていうのは一朝一夕には身に付かない」と常々言っていることです。先ほどお話ししたように、「本を読んでこういう技術があるんだなと思ったからできるようになった」と思うのは錯覚です。私も初任者一年目、二年目には本当に錯覚の連続で、できるようになったと思ったものだからその技術をなんとなく頓珍漢に使い続けた結果、そのときは子どもがすごく劇的に動くので、「うわ、すげえ、おっしゃ、俺できたぞ」と思うんだけれども、すぐにボロが出るわけですね。子どもたちも見抜いていくし、「何か先生、変なこと言ってるな」とか、「何か不自然だな」という感じになるんですよね。

錯覚だということが分かるようになるためには、自然に任せていては一〇年、二〇年経って退職になってしまうんじゃないかと思うんです。そうではなくて、それを誰かに見てもらう。また、自分の映像を撮影する。例えばマイクロソフトのビル・ゲイツが財団をつくっていますけれども[22]、あそこはビデオによる教師評価というのを実際に導入していて、数値を統計的に処理し、

(22) 世界最大規模の民間財団(資産約四兆三六〇〇億円)。「効果的な教育の指標」プロジェクトに取り組んでおり、科学的根拠に基づく教師の授業力向上策を提唱している。

しっかりエビデンスをとってやっています。具体的に言うと、教師が自分の授業を映像に撮り、見せたい部分だけでいいので、それを財団に送ると、評価してフィードバックしてくれるのです。「こういう場面でこんなこと言ったら頓珍漢だよ」というようなフィードバックが得られるということが分かれば、教師たちは送ってくるんです。そんなふうに、緊張感のある形でちゃんと評価できる人、見る目がある人に見てもらうということを通過しない限り、錯覚に気が付くのは無理だと思うんです。

日本では、そういった上達の道筋みたいなことが必ずしも明確になっていないということだと思います。こういう仕組みをつくるには、五年、一〇年はかかるんだろうなとは思いますが。

堀田▼ そういうことですね。納得しました。

ベーシックスキルを鍛えて、魅力的な教師になる

手塚美和

授業の上手い人もいますが、下手な人もいます。その中間ぐらいの人はほとんどいません。「上手いな」と思うか、「下手だな」と思うか、どちらかです。

谷和樹氏の言葉は、衝撃的でした。

ただ、私も本当は知っています。一緒にいると包み込まれるような安心感がある先生がいること。話していると、心が開放される明るい先生がいること。

新採の頃、そんな子どもを惹きつける先生を見ると羨ましく思いました。能力の差を感じ、自己肯定感が下がりました。

しかし、そんな先生に近づくことは、可能なのです。そのための、努力の方向を谷和樹氏は示しています。

①表情（笑顔） ②声（声量・トーン） ③目線 ④立ち位置・動線
⑤リズム・テンポ ⑥対応・応答 ⑦作業指示

私は、これらの力を身に付けるために、TOSS授業技量検定や猿飛検定（向山氏などの技量の高い先生を、そっくりそのまま真似する検定）に挑戦してきました。練習すればするほどに、自分が変わることを実感しました。

例えば「声」。向山洋一氏の五色百人一首の指導の追試に挑戦しました。最初のワンフレーズだけ練習しました。

「百人一首って言ってね」

この最初の「ひや」は、穏やかで温かく優しい声でした。「ね」も同じです。その優しい「ね」が、どうしても言えませんでした。たった一文字なのに、向山氏と同じような雰囲気が出せないのです。向山氏の「ね」は、とても温かく、まるで、自分に向かって話をしてくれているような気になる「ね」でした。その時の向山氏の顔、満面の笑顔が思い浮かびました。

子ども一人一人がくっきり見えるようになるまで修業した向山氏の次の文章を思い出します。

> ぼくにとっての長い時間の末、子ども達の発言がくっきりと思い出せるようになってきた。その時の子どもの表情もまわりにいる子の表情も見えるようになってきた。それは思い浮かぶのではなく、向こうからおしよせてくれるのだった。
>
> 『向山の教師修業十年』向山洋一

声ひとつとっても奥が深いのです。挑戦しなければ後退します。教師になって本当に良かったと思う日と出会うために、挑戦を続けたいです。

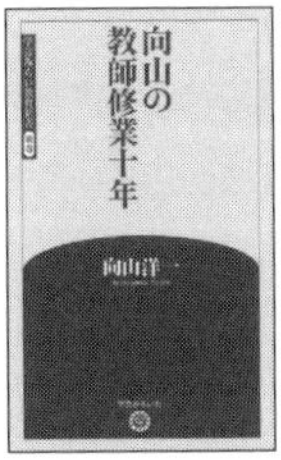

■書籍の紹介①『向山の教師修業十年』向山洋一著（学芸みらい社）

向山氏のデビュー作であり、教育界の金字塔と言われる作品です。この本に強い影響を受けた教師は、日本中に数えきれないほどいるでしょう。私もその一人です。新卒から三十代の若き日の向山氏の教師修業がリアルに綴られています。その思想と実践に、まさに圧倒されます。

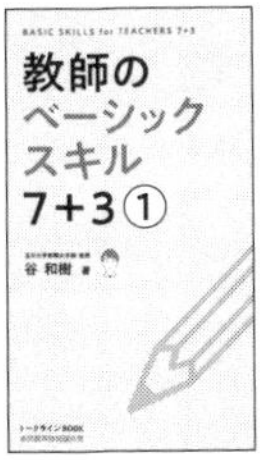

■書籍の紹介②『教師のベーシックスキル7＋3①』谷和樹著（東京教育技術研究所）

向山氏の技能がいかにすごいかが分かる一冊です。「目線」一つとっても、レベルが全く違います。一流とはこういうことなのだと感動し、さらに「コンマ一秒弱」まで分析する谷氏の力にも感動します。

授業の原則一〇カ条

桜木泰自

「授業の原則一〇カ条」は、向山洋一氏によって提起されました。一九八五年に出版された『授業の腕をあげる法則』（明治図書）に掲載されています。現在では、学芸みらい社刊の『新版　授業の腕を上げる法則』として読むことができます。

向山氏は、まず次のことを提起しました。

①授業の技量とは、技術や方法を使いこなせることである。

②いくつかの大切な技術や方法を貫いている考え方を「原則」と呼んでみる。

そのうえで向山氏は、最も重要な原則を一〇カ条として示したのである。

第一条＝趣意説明の原則　指示の意味を端的に語ることである。「ごみを拾いなさい。」だけでは命令である。「教室をきれいにします。ごみを（一〇個）拾いなさい。」だと、趣意が端的に語られている。子どもはより行動する。

第二条＝一時一事の原則　「ノートに漢字の練習をして、終わったら先生の机の上に出して、本を読むのですよ。」などと、一度に二つ（以上）の指示を出してはいけない。子どもは混乱する。指示の言葉は、一度に一つにすべきである。もしまとめてするなら、内容を板書するなどが必要である。

第三条＝簡明の原則　同僚の体育の授業を参観した向山氏は「三〇秒を超える説明は駄目です。私は多分一〇秒以内です」という。常に教師は言葉を削って簡明に話す必要がある。

第四条＝全員の原則　「指示は全員にせよ」ということだ。さらに言えば「手に物を持っていない」「おへそを教師に向けている」状態にさせて、「追加の指示をしない。」ことも含まれる。

第五条＝所・時・物の原則　授業でも特別活動でも、「子どもを活動させるには、場所と時間と物を与えよ。」ということである。

第六条＝細分化の原則　指導内容を細分化する。例えば跳び箱の開脚跳び運動を、「助走する」「跳ぶ」「着地する」に分けて捉える。さらにプロなら、助走を「開始前」「目線」「走り方」等にも細分化できる。相撲の解説者はたった五秒の取組を、あれだけ細かく分析して解説している。

第七条＝空白禁止の原則　たった一人の子にも空白な時間（何をしてよいか分からない時間）を作ってはならない。「まずは全体に大きな課題を与え、然る後に個別に指導する。」「終わった後の課題は必ず用意しておく。」

第八条＝確認の原則　「指導の途中で何度か達成率を確認せよ。」とある。地図帳を見させる場面。「大阪市に人さし指をあてなさい。」「隣の人と比べなさい。」などと指示して、誰ができているか否かを確認する。

第九条＝個別評定の原則　誰が良くて誰が悪いのかを評定する。卒業式の呼びかけ練習。全体に注意をしても、子どもは自分のこととして聞かない。そんな時、声量・間・話し方の三点を台本にチェックし、合格か否かを素早く伝える方法をとれば、二回目から子どもの言い回しが劇的に上手になる。

第一〇条＝激励の原則　常に励まし続けるのだ。かすかな向上をほめて、「克服していく励まし」を教師は続けなければならない。

■書籍の紹介①『新版　授業の腕を上げる法則』向山洋一著（学芸みらい社）

本コラムで紹介した「授業の原則」から始まり、「教師の技量」「授業の腕を上げる法則」が具体的事例で紹介されています。多くの大学、教育委員会がテキストとし、韓国でハングル版も出た日本教育史上のベストセラーです。

■書籍の紹介②『新版　子供を動かす法則』向山洋一著（学芸みらい社）

子どもを動かす原理原則が実践例で紹介されています。教師が子ども集団を動かす三原則は、「やることを示せ」「やり方を決めろ」「最後までやり通せ」。本書を読めば、「学級が荒れる原因」と対処法が見えてきます。

第2章　学級経営の優先順位が上がらないのはなぜか

学級経営における四つの型

赤坂▼　先ほど谷先生がおっしゃっていた問題意識は、非常に私も共感するところが多かったです。「なぜ広がらないんだろう」ということについて、学級経営[23]もまさに同じ問題を抱えています。学級経営というのは、どちらかというと、専門として認められてないところがまだあるので、広がるというのがなかなか難しいことではあるなと思っています。各地域の四十代、五十代の先生方の様子を見ると、「エース」と呼ばれた先生が学級崩壊[24]してるんですよね。例えば「〝国語の大家〟と呼ばれるあの人が」とか、「教科研究会の部長を務めているあの人が」とか、そういう人たちのクラスで学級崩壊が起こることもあって。でも、この人たちにはそれまでの実績があるので、そ

(23) 学級経営の内容として、学級目標の設定、学級集団づくり（一人一人の児童生徒の居場所づくり、人間関係づくりなどの実際）日常の生徒指導や好ましい人間関係や教室環境の整備、児童生徒による活動の運営（清掃、給食、休み時間、朝や帰りなどの指導、けんかや対立など人間関係改善への指導、特別に配慮を要する児童生徒への指導）、保護者と連携を図った学級経営（授業参観や保護者会のねらいと工夫、学級通信など）、保護者への助言（家庭訪問、個人面談、個別の相談などの体系や行い方など）など多岐にわたる。

(24) 「子どもたちが教室内で勝手な行動をして教師の指導に従わず、授業が成立しないなど、集団教育という学校の機能が成立しない学級の状態が一定期間継続し、学級担任による通常の方法では問題解決ができない状態に立ち至っている場合」を「学級がうまく機能しない状況」としてとらえたもの。

の先生に指導を仰いでいる若い人たちがいる。つまり、学級崩壊の再生産ということが起こるわけです。

谷▼　ダメの再生産ということですね。

赤坂▼　はい。それで、ただ、学級崩壊という現象を見ると、かつてのような「先生に向かって、面と向かって反抗する」とか、「物を投げつける」とか、「教室で暴れまわっている」とかというところはほとんどないんじゃないでしょうか。今は、子どもたちは随分、大人しくなったように思われます。特に今、落ち着いてるのは中学校です。小学校の方が、まだ先生に向かって暴力を振るうくらいの元気な子がいるんですね。でも、中学校の子たちは、今、みんな大人しく、本当にいい子に授業を受けてますね。かつての生徒指導困難校(25)と呼ばれる学校の子どもたちも、そういった学校でもちゃんと授業が成り立っていて、教育実習生でも授業できてしまいます。何て幸せな中学校実習なんだろうなと思います。ただ、全国の学校を回らせていただきますと、やっぱり学習効果が上がらない教室がたくさんあるんです。機能が著しく低下した

(25) 生徒指導、生活指導上の問題の対応が困難な状態の学校のこと。

クラスですね。それを学級崩壊と呼ぶかというと、そこまでは行っていないんだけど、機能低下が見られるのです。そういった教室には、幾つかタイプがあります。

大まかに言うと、大体、五つくらいに分けられると思います。一つ目は何かというと、「過保護過干渉型クラス」ですね。やっぱり学級崩壊を怖がっているからでしょうね。特に小学校によく見られるのですが、やたらと先生方が、朝から晩まで、事細かに口を出すんです。そして、子どもたちが〝ただ言うことを聞くだけ〟の状態になっている。ずっとそれ（過干渉）をやっているんですね。それで、四年生の後半くらいから抑えが効かなくなって学級崩壊するというパターン。よくある小学校中学年でブレイクするケースは、低学年のときにしっかりと押さえつけられた子どもたちなんです。そういった子どもたちは、上手く低学年中学年を学級崩壊せずに通り過ぎても、結局、高学年で学級崩壊してしまう。過保護過干渉型っていうのはそういうリスクをもっています。

ただ、過保護過干渉型になってしまうような担任の先

生は、決して悪い人間ではないんです。みんな熱心で、一生懸命やってるんですけど、怖いくらい子どもに口出しするんです。象徴的な姿としては、こんな話を聞きました。担任が笑顔で「何々さん、こうしなさい、ああしなさい、こうですよ」とずっと指示しています。それでも子どもたちは何となく適応していくんですが、そこに入っている支援の先生が耐えられなくなって出ていくというのです。支援の先生が辛くなり、校長先生に「すみません。あそこの学校の支援、あそこのクラスの支援だけはやめさせてください。私、耐えられません」と訴える。過保護過干渉型クラスには、そんなクラスもあります。

二つ目は、「鵜飼型」といいます。皆さんは、鵜を飼ったことありますか(笑)？ 要するに、鵜匠と鵜のように、担任の先生と子どもがつながっているんです。そのため、その先生の言うことを子どもはよく聞く。けれども、鵜匠(担任)が代わった途端に学級崩壊するというパターンです。

もし、前年度のクラスが先ほどの過保護過干渉型クラスでもあるとすると、次の年になって、担任が代わった途端に、ゴールデンウィークまでもたずに崩壊するようなことがあります。だから、この鵜飼型クラスというのは、実はとても危ういのです。鵜飼型には甘い罠があって、上手くいってるときはとことん上手くいくので、先生は楽しくて仕方ないんですよ。一〇言えば一〇返ってきて、場合によっては十五返ってきたりするもんだから、先生たちはすごくやりがいをもって一生懸命やっている。しかし、一生懸命やっていく分だけ、子どもたちは他の仲間と一緒になったときの適応力を失っていくわけです。さらに、先生と上手くいっているときはいいんですが、先生と関係が悪くなると一気に崩れるのが鵜飼型学級の特徴なんです。

その鵜飼型学級がもう少し進化すると、「裸の王様型」というのになっていく。先生は上手くいっているつもりでいる。だけど、子どもの適応感調査(26)をやってみると、実はそう適応感が高くないんです。つまり、子どもたちの満足感が低いんです。それなのに、先生はとりあえずやれていると思っている。先ほど谷先生がおっしゃった「勘違い」ですね。勘違いする学級形態。谷先生は「授業での勘違い」についておっしゃったと思うんですが、こちらは「学級経営の場合の勘違い」です。

このケースは、結構「落ち着いた地域」と言われる学校にあるんですよ。いじめや何かの事件が起こるなどして、第三者委員会が入って発覚すること

(26) 子ども自身が学校の中で上手に生活できていると思っているかどうかに関する感覚を調査するもの。代表的なものに、学校環境適応感尺度「アセス」(ASSESS : Adaptation Scale for School Environments on. Six Spheres) がある。

があります。「先生方は今まで子どもたちと上手くやってると思い込んでいた。しかし調査をしてみたら、実は保護者や生徒の不満や批判がどんどん出てくる」といったパターンです。残念ながら、学校側と生徒・児童側のコミュニケーションが上手くいっていないんですね。

それが更に進行していくとどうなるか。今多いのが、表立って暴れたり反抗したりする「元気な学級崩壊」の逆のパターンで、「静かな崩壊」です。要するに、「先生の言うことは聞いているし、とりたてて反抗もないけれど、クラスはいつもドヨンとしている」という感じです。緊張感もない状態ですね。この場合、子どもたちは非常に素直です。まあ、素直というか、実は低意欲なんですが。明確な反応をしないだけなんですね。静かにダラッと、シラッとしているという、そういった状況なんです。従順だけれど、自分からは動かないという状態。それを「静かな崩壊」といいます。

学級経営の優先順位が上がっていかない問題

赤坂▼ これまで述べた四つのパターンのような状況になっていて、実は先生方も結構苦しくなっているにもかかわらず、学校のスクールマネジメント(27)

(27) 学校を取り巻くさまざまな環境を的確に把握し、自校の有り様を刻々と変化する環境の中に適応させ、生き抜く(貢献する)ための手法である。各校独自の創意工夫により、その学校に当てはまる独自のものを求めていくために目標や目的、手段を考えていく必要がある。

として学級経営の優先順位が上がっていかないというのが、五つ目の症状として指摘できると思います。

学校の中には上手くいっているクラスもあるんですが、上手くいってないクラスもある。不登校やいじめもあった。そして何よりも、心を病んでいる先生が複数人出ている。その原因が、「クラスが上手くいっていない」という、そこにあるにもかかわらず、校内研修でそこにメスを入れようとしないんですね。つまり、働いている先生方と校内研修のテーマに齟齬がある。これを私は「後回し型学級崩壊」などと言っています。

例えば教育委員会にいて、学力向上担当の生徒指導の先生方に「学力向上の秘訣、そのポイントは何ですか？」と聞くと、ほとんどの都道府県で「学力向上のポイントは学級経営です」と返ってくる。

それだけ多くの人たちが、「学力向上に学級経営は不可欠だ」と考えているにもかかわらず、学級経営をするということに対する優先順位が上がらない。ある学校では、学級崩壊が起こり、お休みする先生方が出ているにもかかわらず、また「その要因は学級経営だろう」と推測されているにもかかわらず、校内研修では学級経営の勉強会を一回も実施しなかったそうです。やったと言えば、職員の終会で三〇分間、学級経営に関する何かの資料を読み合わせしたとのことです。

こうなってくると、結局、「なぜこのようなことが起こってくるのか」ということを考えていかなければいけないんです。つまり、先生方個々の問題ではなくて、システムです。マネージャーたちの問題であると考えられるわけです。皆さんは、どうして、学級経営の優先順位がこんなに上がらないのだと思いますか。実際に学級経営ができていなくて困っている先生たちがたくさんいる。それなのに、優先順位が上がらないのです。

やっぱり学級経営というものが、そもそも学習指導要領の中にきちんと位置付いていないのが問題ではないでしょうか。新学習指導要領では、比較的きちんと書かれているんですが、現行までの学習指導要領では、ほとんど議論がなされておらず、今現在も、文部科学省は学級経営を定義していないという現状があります。しかし、実際に先生方はやっていらっしゃる。そこの問題があろうかと思います。

「学級経営とは何か」ということが確定していないにも関わらず、小学校では教科担任制(28)にしようかというような話になってるわけですよ。

(28)平成三十一年四月の中央教育審議会での諮問の中で、義務教育九年間を、学級担任制を重視する段階と教科担任制を重視する段階に捉え直すことのできる教職員配置や教員免許制度の在り方が挙げられた。

例えば、四学級を四人の担任でみる。そういった発想というのは、学級崩壊するようなクラスがある場合は、しかも複数ある場合は、かなり有効なんです。そういった面ではすごく賛成なんですが、そもそも「学級経営とは何か」ということが分かってない人たちが学級をシェアしても、結局、学級崩壊が広がるだけなんですね。そういうことをきちんと議論していかなきゃいけない。「学級経営とは何か」ということを考えたときに、いろいろ学級経営が抱える問題が見えてくるのです。

先ほど谷先生がおっしゃったこととつながっていくと思いますが、まず、最も大きな問題は、「学級経営」という専門科目が教員養成にはないということです。教職大学院では学級経営や学校経営に関する科目など、経営に関する科目を取らなければいけないので、それを取ることになっているのですが、その科目だけで学級経営力がつくかというと決してそうではない。学部の子たちが学級経営という専門科目を学ぶことは、ほとんどありません。学級経営を学ばずに、教育実習でちょっとクラスにお邪魔させていただいて、全日管理などをやらせてもらって、学級担任の真似事をしている。しかも、その学級経営に触れることができる教育実習は、学級崩壊したクラスではやりませんよね。

余談ですが、学級崩壊したクラスで教育実習をやったら、本当にすごく良い教師になると思います。子どもが話を聞いてくれるだけで感動しますから(笑)。

堀田▼ 学級崩壊のクラスで教育実習した人は、教員採用試験、受けないだろうね(笑)。

赤坂▼ そうですね。それでも教員採用試験を受けた子は、相当なタフネスの持ち主だと思うんです。

話を元に戻すと、結局、学級経営が専門として認められていない。学級経営については、今のところ必修科目[29]がないんです。選択必修[30]か選択科目[31]となっています。

例えば、先ほど谷先生がおっしゃった、向山先生が一般化された教育技術の「跳び箱を跳ばせる」ですが、私も教師時代にやりました。もちろん、子どもたちはどんどん跳べるようになりました。子どもたちが日記に「先生の

(29) 卒業するまでに必ず単位を修得しなければならない科目。

(30) 指定されているいくつかの科目の中から、学部・学科の規定に従って必ず選択して履修し、単位を取得しなければならない科目。

(31) 自分の興味や関心、進路目標に沿って、自由に選択して学ぶことができる科目。

手は神の手だ」って書いてきたんですね。一時期、ゴッドハンドって呼ばれました(笑)。跳べない子が一〇人くらいいて、みんなが跳べるようになって「やったー」と大騒ぎしているわけですから、「何が起こったんだ」って、周囲の人たちはびっくりするわけですよ。でも、そんなことすら共有されてない。ましてや、学級経営については、どうしたら良い学級や機能の高い学級ができるかという、その手順が共有されてない。本日お集まりのオブザーバーの先生方は、多分、「どうやったら機能的な学級ができるの?」と聞けば、「こうするんだ」と幾つかステップを説明できるのではありませんか?

しかし、多くの先生はぼやっとしか説明できないんです。直感的な説明がなされるに留まっています。「先生のクラス、どうしたらまとまるんですか」と聞くと、「いいか、子どもたちがガーッとくるだろう。そうしたらクーッと受けとめて、ガーンと返すんだ」のように(笑)。言葉がない。つまり、理論がないんですね。実は、学会において査読を通った学術論文が、学級経営に関してはほとんどないんです。「学級経営」というタイトルの付いたものです。生徒指導はあるんですよ。発達の問題についても、個別指導の研究についても、ものすごくたくさんある。それなのに、学級経営そのものについては、ほとんど研究の実績がないんです。

結局、学級経営の専門家がいない。専門家がいないから教職課程で授業がないという、そういう悪循環なんですね。それで、結局、学生たちは教材研究法(32)とか、そういった教科教育法(33)を学べば、それで授業ができると思ってしまう。というか、「教育＝授業」だと思っている。もちろん、授業はとても大事で、教師にとって〝主力商品〟であることは間違いないのですが、「授業が成り立つためには前提条件をどう作るか」ということが共有されていないんです。

例えば、向山先生の「教師の原則一〇カ条」の第一〇条「激励の原則」ですね。「激励の原則」っていうのは、授業技術であると同時に、学級経営の非常に重要なテクニックであるわけですよ。私は新採用のとき、向山先生の本、『教師修業十年』（明治図書・現在は『向山の教師修業十年』として学芸みらい社から刊行）を読ませていただきましたけれど、その中で、向山先生はものすごく褒めていらっ

授業の原則一〇カ条

第一条　趣意説明の原則
第二条　一時一事の原則
第三条　簡明の原則
第四条　全員の原則
第五条　所・時・物の原則
第六条　細分化の原則
第七条　空白禁止の原則
第八条　確認の原則
第九条　個別評定の原則
第一〇条　激励の原則

(32) 例えば、教科書を使った教材研究では、教科書そのものを読み解き、児童生徒が気づくことや難しいと感じることを想定したり、どのように活用すればわかりやすい授業が展開できるかを予想し、1時間の授業の計画を立てることなどが想定される。

(33) 教育職員免許法施行規則に定める科目に位置付けられ、教育課程及び指導法に関する科目の中でも、各教科の指導法について取り扱う。

しゃるんですね。

授業をやっていると、子どもたちの意欲に、どんどんグラデーションがでてくる。意欲の高さにばらつきが出てくるんですね。それで、子どもたちの意欲がバラバラになっていくときに、優れた授業者というのは、ときどき、トントンって書類をそろえるように、子どもたちのモチベーションをそろえるんですね。もちろん学習進度もそろえているんですが、子どもたちのモチベーションもちゃんとそろえることができるから四十五分や五〇分の授業のゴールまで、子どもたちを連れて行くことができるのです。

自分が教員養成の大学にいて、そこをすごく実感するんですが、そういうことすら共有されないままに、学級経営に関しては丸腰の状態で現場に出されてしまう。例えば、私は中学校の社会科の免許をもっています。高等学校の社会科の免許もあります。しかし、学級経営については無免許です。学級経営の免許をもっている先生はいないですよね。

教育委員会の研修プログラムを見せてもらうと、学級経営については、若手の◯年次研修の一端に見られる程度です。学級経営を学ぶ官制研修(34)はほとんどないんです。

(34) 法律で定められた教員研修のこと。国の教育方針・教育方法を徹底させるために行われる。

先生方の間では、学級経営というのは若いときの悩みというステレオタイプの認識があって、ベテランになってから学級経営に悩むと相談できなくなる。そして心を病み、休むというパターンになってしまう。もったいないですね。授業の指導技術がある先生たちが、そうやって学級経営の部分でつまづいて、教職を休んだり、その場から去っていくなどということが起こっているわけです。

やはり、そういった方々の学級経営を学校の中でＯＪＴ（On The Job Training=業務の中で行う訓練）したり、サポートしたりするような、教員同士のサポートシステムがない。

それで、今、何が最も問題になっているかというと、管理職の世代の人たちが、実は学級経営に関して疎かったりすることなんです。彼らは評価のプロであり、授業のプロであるんですが、学級経営は何となくやってきたから、若手が学級経営について困っているときに説明ができない。例えば、私が校内研修に行って、校長先生に「学級経営はやってこられたんじゃありませんか」って聞くと、ほとんどの校長先生は「うーん、自分はやれたんだけどね、説明できないんだわ」と答えるんです。実は指導主事[35]の先生たちも同じよう

(35) 学校の営む教育活動自体の適正・活発な進行を促進するため、校長及び教員に助言と指導を与えることを職務として教育委員会事務局に置かれる職。教育課程、学習指導、生徒指導、教材、学校の組織編制その他学校教育の専門的事項の指導に関する職務を行う。

に言います。「学級経営はこういうふうにやると、ある程度のこういった良いクラスができますよ」という、不易の部分みたいな原理原則のところが共有されないままに今に至ってるというのが、学級経営の非常に大きな問題で、それが先生方の困り感の大きな部分を占めているんじゃないかなという結論で、話を終えたいと思います。

「黄金の三日間」と学級経営

谷▼　今、「学級経営には免許がない。無免許だ」という話をしていただいて、本当にそのとおりだと思うんです。けれども、やはりある種の「不易と流行」の不易の部分、つまり、原則的なことというのは提起がされてきたはずだと思うんです。

今でも教育委員会の指導主事先生などが、よく「いよいよ、明日から新学期です。黄金の三日間(36)を大切に取り組んでください」と言います。ちなみに、「黄金の三日間」って何？　ということについてですが、もともとは、『教室ツーウェイ』（明治図書）という雑誌で向山洋一先生が初めてお使いになった言葉で、今では、ほぼ一般名詞化しています。それで、例えば「子どもたち

(36)　新年度始業式から三日間のことをさす。この三日間はどの子も「頑張ろう」と思っているので、新しい担任教師の言うことを素直に聞く。この時期に一年間を貫く学級の仕組みをつくることが肝要である。

と出会ったときの三日間に何をするのか」というようなことが、きちんと教育がされれば、もう少し何とかなるんじゃないかと思うわけです。

例えば、「子どもの生活を安定させるためには、仕組みを作ることと、ルールを作ることが必要です。この仕組みにはこういうものがあって、ルールにはこういうものがあります。これを三日間のうちに必ずこういうところまでやりましょうね」であったり、あるいは、「学習を安定させるためには、こういった学級開き[37]、こういったノート指導、こういったしつけの指導がありますよ」であったり、そういう小さな一つ一つのことの教育です。

「できる限り、三日間の間にこういうところは始めていきましょうね」といったような、いくつかの原則的なポイントがあると思うんです。そういったことは大学でちゃんと教えられないのか。教えられないとしたらなぜか。教えられないとしたら、若い先生方は現場をどうしていけばいいのかということについて、どのようにお考えでしょうか。

赤坂▼　この「黄金の三日間」は、結構、認知度が高いですね。

（37）入学や進学など、児童生徒の人間関係等の不安を取り除き、新しい学年への希望や期待を膨らませ、学習意欲や活動意欲を高めるために行われる。

谷▼　そうですね。

赤坂▼　初任者研修や二年次研修に講師として行ったとき、「黄金の三日間のことは知っていますか」と聞くと、どこでも七、八割は手を挙げますね。ものすごく認知されてるんですが、それでは実際にやったかというと、みんな何をやっていいか分からない。「黄金の三日間」という言葉しか知らないんです。

谷▼　そこが問題ですね。

赤坂▼　今の先生たちっていうのは、いろんな手段で情報を得ているんだけれど、実感や実務を伴っていないんですね。多分、我々の時代には、例えば黄金の三日間について「とにかく、これをやらなきゃ」というような重みがあったと思うんですね。少なくとも、軸足はここに置いてやろう

というのがあったんですけど、今は情報が相対化されていて、「あれもこれもそうだね」みたいな軽い感じになっているわけです。向山先生が黄金の三日間を提唱されてからだいぶ時間が経ちましたよね。その時間の中で、いろんな人がアレンジを加えながら継承をしてきましたので、やっぱりオリジナルのところが随分薄れてきたんじゃないかというように見ています。

谷▼　なるほど。

赤坂▼　教員養成に関しては、自分の授業で学級開きなどのトピックを扱うと、必ず向山先生の本を学生たちが持って来るし、それを読んでシェアしています。さっきの「授業の原則一〇カ条」は、私のゼミ室に貼ってありますから。これはまずクリアしてくれっていう話なんです。でも、できない子はできないです。

谷▼　できない子がいるにしても、多分そういった意識をもたせようとしているだけでも違うんじゃないですか。

赤坂▼ やっぱりそれはそうですね。本当に力がある有効なものは、大学の教員も知って、自分ができなくてもいいから、それを学生に、「こういうものがあるんだよ」くらいは教えるべきだと思います。そのためにやっぱり、選択科目じゃなくて、必修科目として教育技術なり、学級経営なりをちゃんと扱っていくってことが必要なんだと思いますね。

谷▼ 賛成ですね。

学級経営の学会がなすべき役目について

堀田▼ 僕、「学級経営という分野がどうしてあまり学術的でないのか」とか、「どうして教員免許の必修科目になってないのか」とか、「なぜ大学でそのことがやや軽んじられてしまうのか」ということを、赤坂先生と一対一で議論したことがあります。「特に小学校であれば、多くの場合、すべての教師が学級経営をするでしょう。それなのに、何でそれを大学のときに学べないのか」というような議論です。

今日、改めて赤坂先生の話を聞いて、やっぱりそのことをもう一回、聞こ

う と思いました。そもそも、僕らの教員免許っていうのは、小学校は全科だけれど、中学校、高校は教科になってますよね。

例えば「理科の免許」というものがあるけれど、理科の免許を持っている人の理科の専門性よりも高い専門性を持った科学者みたいな人がいっぱいいるわけで、でも、その人が教壇に立ったら上手に教えられるかというと、必ずしもそうではないわけです。ならば、教師の専門性というのは、その教科に精通しているということのみならず、あるいは、それは若干、少しくらいは下がっていても、「その教科を子どもが分かるようになるためにはどう教えればいいか」ということの専門性だと思うわけですね。

つまり、私たち教師がいつもやっているような、子どもたちのモチベーションを上手いこと上げたり、「みんなでやって良かったね」という気持ちや「分かって、できて良かったね」という気持ちにさせたり、あるいは、その「良かったね」という気持ちを体験させるために、あえて分からない場面をつくってみんなで悩んでみたり、まさにマネジメントをする技術です。

授業の中でのマネジメント、あるいはクラスづくりというようなレベルでの学級経営のことは、小学校の教師がもつべき大事な、基本的な技術のような気がするけれど、そのことがどうして軽んじられてしまうのかということなんですね。最近、赤坂先生は学級経営の学会[38]をつくって、この分野のことをしっかり学術的にやっていこうとしておられて、その上、研究をしっかりして、研究者を育てて、そういう人たちを大学に送り込もうというような相当な野望をもって取り組んでいらっしゃると思うんです。そこで、僕が知りたいのは、「なぜ学級経営はそんなに軽んじられてしまったのか」ということについての歴史的反省と、そして、「これからそれをどうやって変えていこうと思ってるか」ということなんです。多分、ここにいるオブザーバーの先生方はみんな、赤坂先生に同意してると思います。「学級経営なんていいよ。これからも別に学級経営、必修じゃなくていいよ」と思ってる人は多分、誰もいないと思うので、どうしてそうなったのか、これからどうしていくのかを教えてください。

赤坂▼ いろんな議論があろうかと思いますが、歴史的に見ると「学校＝学校」であり、学級という言葉もなかった。やがて、明治後期になると効率的な一斉教授を成り立たせるために、同学年の子どもを一つの教室に集めて教

(38) 例えば日本学級経営学会がある。上越教育大学の赤坂真二と阿部隆幸が代表となり、二〇一八年に立ち上げられた。学級経営に関する汎用性の高い情報の共有が目指されている。

えるようになり、これが学級になりました。この頃は、学級経営とは教科指導、生徒指導、各種事務も含めた学級担任の仕事を全て網羅したものだったようです。

それが、大正時代になると民主化運動の影響を受け、「人格形成の場としての学級」という考え方が出てきました。集団づくりを通して、人格形成を目指す営みとして学級経営が捉えられるようになってきました。人格形成を通して、それが結果的に教育活動を支えるしつけにもなると考えられていたわけです。ところが第二次世界大戦後、敗戦によってアメリカ教育学が入ってきました。学級経営は、授業を成り立たせる諸条件の整備であるという条件整備論です。戦後は、これら人格形成論と条件整備論が未整理のまま混在してきているのが学級経営の現状です。

この状況に、大学の教員養成でしっかり教えないとか、教員研修で学ぶことができないというような条件が重なった結果、現在の日本では、学級経営は各教師バラバラの文化論になってしまいました。つまり、学級経営は十人十色。みんながみんな、違うところを見ています。だから、「授業のところでそろえましょう」と言っても、学年団で望んでいる学級が違うわけです。

だから、なかなか効果が上がらないっていうことが考えられるわけですね。

では、これからどうするか。学会を立ち上げた目的の一つは、少なくとも「学級経営というのは研究対象である」ということを世間に認知していただくということです。では、学級経営ということについて、学会を立ち上げたことによって何かが変わったかというと、まだ、ほんの一、二年しか経っていませんが、「学級経営ってやっぱりちゃんと学ばなきゃいけないものなんだな」ということを教育委員会の人たちが認識し始めた自治体があるということでしょうか。

ある自治体では、二年次研修(39)や五年次研修(40)などの若手研修ではなくて、ベテランの先生たちも学べる学級経営講座を立ち上げるということで、動いています。今、少しずつではありますが、「学級経営は学ぶべき内容があるもの」「学級経営は力量形成のために勉強しなければならない領域」という認識を先生方と共有する中で、研究結果の蓄積が進んでいます。学術と実践の方で盛り上げていきたいと思っています。

堀田▼ ある分野について、学会があるということは、僕、すごく重要なこ

(39) 若手教員研修の一つ。例えば、東京都では授業力の向上や、生徒指導の充実、進路指導の充実などの研修がされている。

(40) 法定研修である初任者研修、十年経験者研修の他に、各都道府県が「教職経験に応じた研修」を実施している。例えば五年次研修は愛知県や埼玉県、長野県等で実施されている。

とだと思うんです。学会があれば、エビデンスなどをしっかりと固めていくことができる。現場の先生に「適切な方法でエビデンスを全部出せ」というのは無理じゃないですか。だから、経験の中で先生たちが獲得していったものをモデル化して見せたり、「そのことについて、エビデンスでは、Aというやり方とBというやり方にこういう違いがあるね。でも、Aにはこういう良いところがあって、Bにはこういう良いところがあるね」というようなことをはっきりさせるのが、学会の仕事です。それが先生たちの経験則と合っているとか、合っていないとかということはディスカッションされるべきで、両方とも公平に見ている人が必要であって、そういう意味で、今まであまりそういうふうに機能してなかったところに学会をつくったというのは、非常に重要なことかなと思います。これは多分、教育技術でも同じだと思うし、僕らのようなＩＣＴを活用するというところでも同じですね。問題は、現場と学会の間に距離ができすぎて、違う方向に向いてしまうと、

現実の問題を解決しない学会になってしまうということですね。学術的にはちょっと歪んで、違う方向に発達してしまうっていうことがあるので。常に現実の課題を見せるような形で、学会運営をするということには、結構、テクニックが要るような気がしますね。

谷▼　今、赤坂先生が「学級経営は十人十色」と言ったことについて、僕は経験的に本当そのとおりだなと思いました。なんでそんなことになってるのか。もちろん、十人十色で良い面はあります。そういう側面は認めつつも、やはり「経営」という以上、教育工学(41)のように、システム論、あるいはマネジメント論として、確固とした内容が教科書化されていないと、学生は分からないと思うんですよね。そういったところを赤坂先生、堀田先生の話を聞いて、僕たちももっと仕事の一部にしていかなきゃいけないなと思いました。

(41) 教育実践の改善に質する学問。人文社会系と理工系、ならびに人間に関する学問分野を融合した学際的な学問。文部科学省の科学研究費補助金の研究領域の分科細目の一つとなっている。

学級は様々な個性や文化をもった集団

岡田広示

みなさんは「学級」と聞くと、どのようなイメージをもちますか。教育方法学研究ハンドブックには「日本の学級は、学習のために編成された組織であり、同時に学校生活を営むうえでの基礎単位という性格をも担っている。」とあります。つまり学級とは、子どもたちが授業と学校生活を行うための組織なのです。学級経営とは、学習と学校生活のための組織を経営していくことに他なりません。ごくごく当たり前のことのよう。しかし、文部科学省も学級経営の重要性は認めていますが、その定義や方法については曖昧なままなのです。

なぜなのでしょうか？

私は、学級が様々な個性や文化をもった集団であるからだと考えています。子ども一人一人に個性があるように学級にも個性があります。それぞれの学級の個性をつくり出すのは、その学級を構成している教師と子どもなのです。特に指導者である教師の指導方針が、その学級の個性をつくる上で大きなウエイトを占めています。

二人の教師の例を紹介します。A先生は強いリーダーシップをもっていて、どのような子どもにも厳しく接し、まさに鍛えて育てます。一か月もすると必ず学級は落ち着き、規律正しい生活を送っています。一方、B先生はいつも笑顔で、どのような子どもにも優しく接し、いろいろなことを子どもに任せます。学級が軌道に乗るまで時間はかかりますが、学年の後半には自治的な集団に育っています。二人の違いは、A先生が教師のパフォーマンスで、B先生が集団の力で学級をつくっていることです。

これはPM理論といわれるリーダーシップ行動論で、「P」はPerformance「目標達成能力」を、「M」はmaintenance「集団維持能力」をいいます。A先生はPが強く出ている指導です。B先生はMが強く出ている指導です。P機能が強い先生は学級のシステムづくりや組織構造をつくるのはうまいのですが、「子どもはこうあるべき」という思いを押し付けて全員を型にはめようとする傾向が強く出ます。M機能が強い先生は子どもたち全員が「自分は先生に認められている」と思え、周りの友だちのことも認めていきます。しかし規律や組織づくりに時間がかかります。学級担任にはPMのどちらの機能も必要です。

学級経営は十二ケ月という長い期間を通して行われます。当然、時期によって学級経営の在り方も変わってきます。学級経営には、人権や道徳に関する指導をする「必然的領域」、教師による計画的な指導をする「計画的領域」、子どもの自主的実践的活動の「偶発的領域」があるといいます。（白松二〇一七）「必然的領域」の指導は、時期や発達段階に関係なく年間を通して行わなければなりません。そして「計画的領域」は年度当初は大きなウエイトを占めますが、後半になると「偶発的領域」が増えてきます。学級経営は、この三つの領域が三層に重なって運営されているのです。

■書籍の紹介①『学級経営の教科書』白松賢著（東洋館出版社）
本書は、先ほど紹介した三領域をはじめ、学級経営の基礎から、どのように学級が「自立」や「自治」に向かって成長していくかを丁寧に解説してあります。ここまで学級経営を理論的に解説されているものは他にありません。

■書籍の紹介②『アドラー心理学で変わる学級経営』赤坂真二著（明治図書）
子どもの行動は「その場に適応しようとした行動」であることが分かる事例が多く紹介されています。子どもの適切な行動に着目することの大切さなど、現代の学校教育にかかわる課題に対して対応できる一冊です。

「力を合わせ困難な問題を解決していく」力を育てる

松下 崇

「クラス会議」と聞くと、どんなことを思い浮かべますか？ 多くの方は、話合い活動、いわゆる学級会でクラスのことについて話し合っている姿ではないでしょうか。「子どもたちが円になって自分たちのことについて話し合う」ということを見れば、確かに同じと言えるかもしれません。アドラー心理学の理論に基づいたクラス会議は、子どもたちが自己肯定感を高め、自律心や責任感、コミュニケーション能力や判断力などの問題解決スキルを身に付けることをねらいとしています。日本では、赤坂真二氏が週一回・四十五分間で取り組む方法を、森重裕二氏が毎日・一〇分〜二〇分間で取り組む方法が、書籍などで発信されています。

今回は、週一回・四十五分間で取り組むクラス会議についてご紹介します。以下の流れで行います。

①輪になる
②あいさつをする
③話し合いのルールを読み上げる
④コンプリメントの交換をする
⑤前回の解決策を振り返る
⑥議題を提案する

⑦話し合いをする
⑧決まったことを発表する
⑨先生の話をする
⑩あいさつをする

赤坂真二 著『赤坂版「クラス会議」完全マニュアル 人とつながって生きる子どもを育てる』（ほんの森出版）二〇一四年 P.一〇一‐一〇二

①輪になる ②あいさつをする ③話し合いのルールを読み上げる

クラス会議を行うために自分たちで協力して準備します。子どもたち同士がかかわり合う場を設定することで、協働する力を育てます。毎回、準備する時間を計り掲示していくと、回を重ねるごとに準備する時間が短くなっていることに気が付きます。また、子どもたちの良い行動にも目を向け伝え合うようにすると、信頼関係が育まれ教室が良い行動で溢れるようになります。

④コンプリメントの交換をする

「コンプリメント」とは、ほめ言葉、賛辞と訳されることが多いようです。ポジティブなメッセージを交換することで、明るく前向きな雰囲気を作ります。子どもたちには「いい気分・感謝・ほめ言葉を発表し合おう」と呼びかけると分かりやすいでしょう。回を重ねるごとに、様々なことに気付き、友達を尊重する気持ちが育ちます。

⑤前回の解決策を振り返る ⑥議題を提案する ⑦話し合いをする ⑧決まったことを発表する

自分たちで出し合ったテーマについて話し合います。座席順にぬいぐるみ等を回しながら全員が発言します。上手く言葉がでてこない場合は、「パスです」と伝えるようにすることで、全員が安心して参加することができます。極力、子どもたちだけで話し合うようにし、問題解決の力を育てます。教師が指導する必要がある場合も、対等な関係性を大切にして、提案するように子どもたちに投げかけていきます。時折、子どもたちのユニークな解決策に驚かされることがあります。

⑨先生の話をする ⑩あいさつをする

最後に、教師からこの話し合いにどのような意味があるか、価値付けをします。また「話し合って終わり」にならないように、必要に応じてその後の生活にどのように結び付けていけばよいか助言をします。教師が話をした後は、子どもたちが自分たちで挨拶をして終わります。

「これからは予測困難な時代がやってくる」と言われています。その時大切なのは人と人が力を合わせ目の前の困難な問題を解決していく力ではないでしょうか。クラス会議に取り組み、そのような力を育てることが求められています。

■書籍の紹介①『赤坂版「クラス会議」完全マニュアル 人とつながって生きる子どもを育てる』赤坂真二著（ほんの森出版）

赤坂版クラス会議について、教師の指導言から「なぜそれをやるか？」その行為の意味まで、丁寧に解説してあります。合わせて、「困ったときの解決方法」が示されている『いま「クラス会議」がすごい！』赤坂真二編著（学陽書房）を読むと、実践はさらに深まっていくでしょう。

■書籍の紹介②『1日15分で学級が変わる！クラス会議パーフェクトガイド』

諸富祥彦監修　森重裕二著（明治図書）

毎日十五分程度取り組みたい方は、こちらの書籍がお薦めです。クラス会議内で行うそれぞれの活動について、基本的な考え方、実践のコツ、クラス会議を楽しいものにするアクティビティなど、内容が満載です。クラス会議に取り組まなくても、様々な場面で応用可能な実践がたくさんあります。

第3章

なぜ学校でのICT活用がなかなか進まないか

学校でのICT活用の現状

堀田▼ 今、僕は文部科学省で教育の情報化の政策に関わる立場ですので、今、それがどのくらい、どういう考えでやられているか。そして、その課題は何かということをお話しします。

ICT活用で一番効果がある、あるいはよくやられているのが、実物投影機[42]等で大きく映すということです。この、「効果がある」と「よくやられている」というのは、「エビデンスとして効果がある」というような話とは別に、教師の実感として、「こうすれば子どもたちはよくこっちを見る」とか、「よく理解する」とか、特に、「あの子

(42) 書類や立体物をそのまま画像でスクリーン等に映し出す機器である。映し出したいものをカメラの下に置けば、プロジェクタを介して大きく映し出すことができて操作が簡便であり、立体物もそのまま立体的に映し出せる。プロジェクタとスクリーンがあれば使用できるほか、デジタルテレビや大型ディスプレイに直接接続して映し出すこともできる。

はいつもだとあまりこちらを向いてくれなくて、言葉が届いていない感じがするんだけど、よく理解できるようになった」のような、経験則で教師が肌で感じていることです。僕は、「効果があるかどうかをエビデンスで学術的に出す」ということも大事だけれど、一方で、先生たちがやりたがるかどうかということが一つの大事なことかなと思います。実際にやっている先生の、やりやすさと効果の実感ですね。

まず、デジタル教科書(43)での活用例をご紹介します。教科書のある部分を大きく映して、その映したものを元に子どもたちと一緒に話し合いをしながらやっていくという場面。一〇台停められる駐車場に、すでに車が八台停まっていて、そこに三台車がやって来ているので、溢れるわけですね。停められない車が出てくるわけです。繰り上がりのことを教えるところで使用しています。先生は、挿絵の部分を大きく映しています。

実物投影機で映すとか、デジタル教科書で大きく映すとか、それはどちらでもいいんですが、要はある図や、ある表や、ある文章など、何かにフォーカスすることで、子どもたちに〝そこ〟に集中させるという効果があります。先生の言葉だけで、あるいは黒板だけではなかなか集中させることが難しい

(43) デジタル機器や情報端末向けの教材のうち、既存の教科書の内容と、それを閲覧するためのソフトウェアに加え、編集、移動、追加、削除などの基本機能を備えるものであり、主に教員が電子黒板等により子どもたちに提示して指導するためのデジタル教科書と、主に子どもたちが個々の情報端末で学習するためのデジタル教科書に大別される。

ときに、ＩＣＴが効果を発揮するという部分があります。そのこと自体を理解されていれば、あとはどこを大きく映すかという理論になります。この教科書の見開きの「どこを大きく映すか」というのは、その教科書の仕組みが分かってないとできないことなんですね。

つまり、「何か、写真だったら大きく映せばいい」とか、「表だったら大きく映せばいい」というわけではなくて、「その写真を大きく映したときに、何と発問すればいいか」とか、例えば「今の図は、このイラストは何を言わんとしているのか」ということが読み取れてなければ、結局、大きく映しても子どもたちは「クマさんが乗ってる」とか、「出口に何かゲートがある」とか、こちらの意図とは違うことに注意が行くわけです。だから、どの図を大きく映して、どうやってそのことを教えればいいのかということは、教材研究に帰着したり、あるいは発問研究に帰着したりするわけですけど、そのことが大事なんです。もっと言うと、ＩＣＴ活用というのは、ＩＣＴの性能の話ばかりみんな気にするけれど、極端な話をすれば、大きく映ればそれで良くて、あとは子どもに見えればそれで良くて、「何を映すか」というコンテンツの問題なんですね。でもみんな、そのコンテンツを映す機材の問題ばかりを議論しているという、そういう現実があります。

次にご紹介するこの先生（画像1）は、実物投影機でノートの書き方とか、線の引き方とかを教えているわけですね。「あることのやり方を教える」というシーンは、特に初等教育ではいっぱいあります。そのときに、実物投影機でやってみせる。教師がやってみせる方法は、当然たくさんあるわけですけれど、何らかのやり方を子どもに見せながら教えるというときに、実物投影機の活用は非常に有効です。もちろん、黒板にマス目があって、それを使ってやるというやり方は当然あります。けれども、学校によっては、マス目がない黒板や、新たにマス目を書こうと思っても、ちょっと汚すぎる黒板などがあって、そういうような状況の中で、子どもと同じノートを使ってやって見せるという一つの方法となる。この画像で教師がマジックを使用しているので、「子どももマジックで書いてるの？」と思うかもしれないけれど、これは「先生が子どもたちに見やすくするために、今はマジックで書いてるよ」ということをきちんと理解させた上でやっていることです。

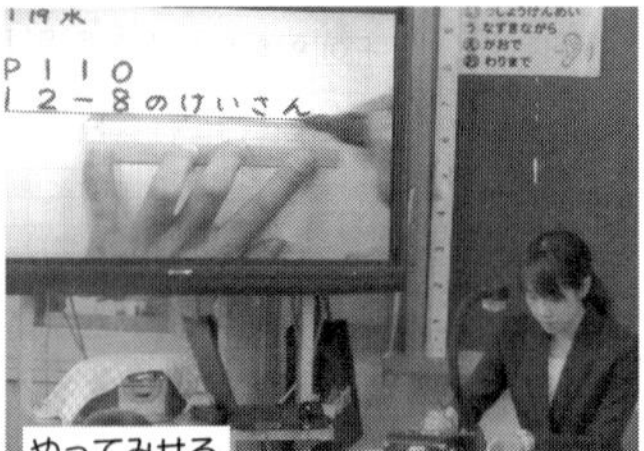

画像1

黒板の右側に黒板用の定規があることからも分かるように、黒板でやることももちろんある。だから、ＩＣＴを使うときは、別にＩＣＴだけで教えてるわけではないんです。よくフルＩＣＴというか、オールＩＣＴだと勘違い(44)されて、その結果、「黒板の機能も重要なのに、何でＩＣＴでやるんだ」などと問題をすげ替えられてしまうことがあるんだけれど、ＩＣＴも活用した授業に過ぎないのです。要するに、「分かりやすく教える」という方法の一つにＩＣＴがあるということだと思います。

これ（画像2）は、研究所が作った体育館でやっているんですが、右側に黒板があることからも分かるように、「か」と言ったら課題とか、そういうことがルールで決められていてルーティンになってるような、そういう「学習の決まり」のようなことをきちんと共有してる教室での、学級経営の元でやられてることなんです。

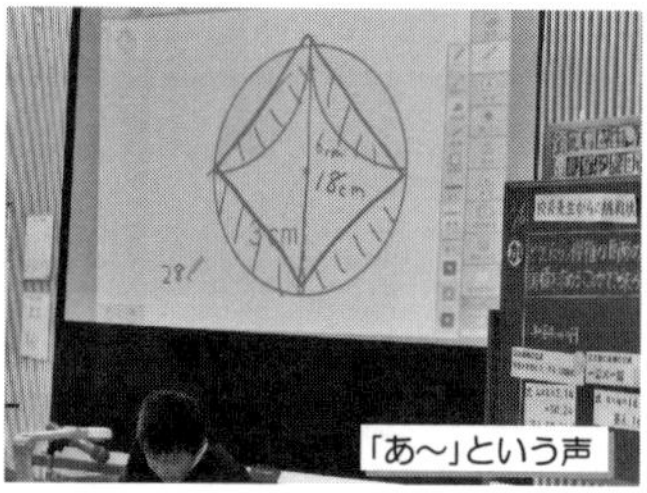

画像２

先に述べた二つ（デジタル教科書と実物投影機）は「先生がＩＣＴを使って子どもに分かりやすく教える」という話ですけれど、最近、タブレットＰＣ

（44）教師のすべての教授行動をＩＣＴで行う、児童生徒のすべての学習活動をＩＣＴで行う、ということを意味した表現。

というものが出てきましたよね。グループ活動だったり個別の活動だったりはしますけど、タブレットに子どもたちが考えを書いて、それをその後、全体の前で発表するといったようなことですね。これは少し複雑な問題解決(45)のときに使うことが多いです。

　こういうタブレットなどについて、「別に紙でもいいじゃないか」という議論は当然あります。もちろん、紙でもいいです。でも、やり直しができなかったり、色が付けにくかったり、あるいは、どのグループがどういう書きぶりで今書いてるかを一瞥できなかったりします。タブレットだったら、授業支援システムでバーッと見られたり、ログに残ったり(46)、再利用できたりということができる。そういう意味で、現在は「紙でできることを、何でICTでやるんだ」と言う人がいるけれど、これからは逆に「ICTでできることを、何で今も紙でやってるの?」と、そうなると思うんです。「LINEで送ればいいじゃん」とか、「ファイル共有すればいいじゃん」というようになって、「何で印刷して持ってくるの?」と言われるようになる。

画像3

(45) 問題解決型学習（PBL：Project Based Learning)。知識の暗記などのような生徒が受動的な学習ではなく、自ら問題を発見し解決する能力を養うことを目的とした教育方法。児童生徒自身の自発性、関心、能動性を引き出すことが教師の役割であり、助言者として学習者のサポートをする立場で学習を進める。また正しい答えにたどり着くことが重要ではなく、答えにたどり着くまでのプロセスが重要であるという学習理論。一九〇〇年代初頭アメリカの教育学者ジョン・デューイが初めて教育現場で実践に取り入れたとされる。

(46) コンピュータの利用状況やデータ通信など履歴や情報の記録を取る事、またその記録のこと。操作やデータの送受信が行われた日時と、行われた操作の内容や送受信されたデータの中身などが記録される。

そういうことだと思うんですよ。紙でやることが普通だった時代の人がＩＣＴを見るから、そういうふうに言うのであって、僕らは本当にそんなに紙でやっているのかということです。電子的に済むことはだいぶデジタルでやっていると思うんだけれど、学校の授業の場面では、相変わらずＩＣＴに抵抗するような言われ方をしているんですね。けれども、そういう人たちも、授業研究が終わったら、すぐ携帯で連絡してたりするんです。そういう人には、思わず「手紙で送れよ」って言いたくなりますね（笑）。

それで、こういうグループ（画像４）で、自分がタブレットを持って何かやったことを友だちに見せたり、その人の言ってることをもとに自分の記録を取ったりしている子などがいますけれど、そういうことをしながら、お互いの情報や考えてることを共有する。これは、ちょっと前まではこのように紙でやっていたわけですね（画像５）。だから何も変わらな

画像４

画像５

いんですよ。この画像の左奥の子はタブレットでやっているんです。つまりこれ、どっちでやってもいいんですよ。

ただ、タブレットでやると記録が残り、再利用ができるということですね。その利便性が強く出てくるのはデータが蓄積されていった後ですね。「前の理科の実験でも似たようなことがあったな」って言って、それを探して、「あのときこうだったよね、今回もこういうふうにやればいいと思います」みたいなことを、子どもが仮説的に言ったりするようなことが出てくる。「一人一台、タブレットを持っていた方がいいんじゃないの?」と言われる所以は、過去の学習内容と今の学習をつなげて考えていくことがしやすくなるからです。今までは先生が、既習事項の想起(47)という形で、それをやってあげていたんだけれど、より自立的に、子どもたちが自覚的にやれるようにしていくという、そういう話なんです。

ICT活用は「授業論」

堀田▼ ちょっと表を作ったんですが、先生が使うのは大体このパターンで、児童・生徒が使うのは大体このパターンで、そのときに、よくある装置はこ

(47) 授業の導入段階、あるいは必要な場面において、本時の見通しをもたせるために、前時や既習事項との関連付けを行う教師の教授行動、手立てのこと。

ういう装置で、こういう事例があるというのは、もうよく知られてることなんですね。

例えば、「デジタル教科書というのは、実物投影機と違ってどのくらい効果があるのか」とか、そのようなことは、もう学術的にたくさん研究されています。最近は、子どもがタブレットを持ち始めたので、「子どもが持つとどのようになるか」という研究がされていて、この研究はまだ動いています。けれども、「教師がタブレットを使う」ということについては、ほぼ研究は終わってるので、あとは、入れて使えばいいじゃないかという話なんですが、でも、問題は「なかなか広がらない」ということ。どこかで聞いた話ですね(笑)。

使い手	ねらい	装置等	事例
教員	大きく映してわかりやすく説明する	実物投影機＋大型提示装置	例）教科書の図を大きく映す
	大きく映してわかりやすく説明する	教員用PC＋指導者用デジタル教科書＋大型提示装置	例）デジタル教科書で拡大する
	動きを見せて理解させる	教員用PC＋デジタル教材＋大型提示装置	例）筆順のアニメーション，数学のシミュレーション
	教室では見られない事象を見せる	教員用PC＋インターネット＋大型提示装置	例）Eテレの番組
児童生徒	自分の考えをみんなに説明する	実物投影機＋大型提示装置	例）ノートに書いた説明を大きく映す
	自分の考えをみんなに説明する	学習者用PC＋授業支援システム＋大型提示装置	例）学習者用PCに書いた説明を大きく映す
	学んだ知識や技能の定着を図る	学習者用PC＋学習ソフト	例）個別学習用デジタルドリル教材
	教科書に書き込みながら理解する	学習者用PC＋学習者用デジタル教科書	例）学習者用デジタル教科書に書き込む
	教科書や資料集を超えて調べる	学習者用PC＋インターネット	例）ネット検索，デジタル図鑑
	作業結果を整理する	学習者用PC＋オフィスソフト	例）保存･再利用，グラフ作成等
	プレゼンテーションする	学習者用PC＋オフィスソフト＋大型提示装置	例）個人やグループの学習成果をクラスで説明する

 (3)

表

谷▼ これもまた〝繰り返し〟ですね(笑)。

堀田▼「なんでなんだろう」ということですね。例えばですけど、今でも、昭和の頃の旧来の仕組みに合わせて授業を考えるから、ICTのほうが全然便利なのに、それをしないことを〝良し〟とするみたいなことがある。このことは若干、罪ですよね。だって子どもたちは日頃、デジタルコンテンツをたくさん触っているのに、学校に来たときだけ昭和のやり方をしなきゃいけないんですから。これでは学校不適応などが出るのは当たり前じゃないかと思うんです。だから、本当はそこが一つ大きな課題なんですね。

でも一方で、共同ワーク(48)の分野は学問的にも結構行われていますが、それでも現場の現実を見事に解決するような研究がふんだんにあるかといったら、そうでもない。なぜかというと、〝ICTが専門の人〟が研究しているので、ICTの機能に帰着させる形で研究しようとする。でも、授業場面でのICT活用というのは、「授業論」なんですね。どこでどのICTを使えばいいかという話であって、それはもう場面認知とか教材研究とか、そういう教師の授業の熟達みたいな話なんですよ。「大きく映したら子どもは見る」と言うけれど、学級崩壊したクラスでは子どもは見ません。それなら、「そもそもICT活用が有効に機能するような教室というのは、どうやってつくって

(48) 子どもたち同士が教え合い学び合う協働的な学び(協働学習)のこと。対して、一人一人の能力や特性に応じた学び(個別学習)がある。

(49) 教育職員免許法のこと。教育職員の免許状に関する基準を定めている法律。一九四九年から施行。教育職員免許法と同時に教育職員免許法施行法が同日に制定・公布・施行されている。現在では、初等中等教育を行う学校の教育職員の免許状についてのみ規定している。

いけばいいのか」という議論が必要なわけで、それらのことを無視して「電子黒板は有効だ」みたいな話をされると、「いやいや、学級崩壊しているクラスでは、電子黒板は全然有効じゃないですよ」ということになる。

前提を全部機械にもっていこうとするのは、機械が専門の人に多いのですが、そういう人が大学に採用され、教職の勉強をしている人に機械の機能を教えるんですね。それで、教わった人が学校に行ったら、教えられた機械すらないのです。学校にＩＣＴが広がらないというのは、そういうことにも原因があるのかなと思います。これが僕の一つの課題意識で、今は明確な答えがありません。

これをどうするかということで、例えば「教員免許法[49]で、教科教育法の中でＩＣＴを使った授業をやらないといけないのに、それをシラバスに書いていなかった設置審[50]の課程認定[51]がされない」というようなことを、行政的な縛りでやっているのですが、では、シラバスに書いてあったら本当にやるのかという話になる。あるいは、そこの大学の理科教育法や社会科教育法の先生が、そもそもＩＣＴ活用できるのか。ＩＣＴ活用できるとして、その人がもっているＩＣＴ活用の知識や技術が、本当に現場の現実に役立つようなＩＣＴ

(50) 大学設置・学校法人審議会のこと。文部科学省に置かれる審議会等の一つ。文部科学大臣からの諮問に応じ、公私立大学及び高等専門学校の設置等に関する事項、大学等を設置する学校法人に関する事項を調査審議する。

(51) 教職課程を認定する制度のこと。各大学の教職課程を文部科学大臣に申請し、大臣から中央教育審議会教員養成部会へ諮問する。その後、課程認定委員会へ付託し、各大学の教職課程のカリキュラムや担当教員の研究業績等を加味して、教職課程の認可不認可の結果を中央教育審議会教員養成部会へ結果を報告。大臣へ答申を経て、最終的に大臣から各大学の課程認定が行われる。

活用なのか。そういう意味では先が暗いですが。

教科教育の免許法の中にICTを入れること一つとっても、たくさんの反対が教育大学などから挙がって、いろいろな議論になる。「教える現場としては、教える人がいない」とか、「教える環境がうちの大学にはない」とか、「現場の現実っていうのがあって」とか、そういった反対意見が出てくるのです。何というか、昔からのやり方を変えないで済ませようという機運が大学の現場にもあって、それも相まってなかなか広がらないという現実があります。

「学習の基盤となる情報活用」とは

堀田▼ さて、最近こういう言葉が出てきてました。「学習の基盤となる情報活用」です。これは先生の問題ではなくて、子どものことです。例えば、子どもたちが生活科で「池の中のヤゴ」の観察をしています。スケッチをしようという話になって、ノートを持っていったんですが、スケッチをしている間に死んじゃうんですよ。それで、とりあえず写真を撮って、大きくして、教室でスケッチしようと考えた。こういうことを考えるというのは、カメラで撮っておけばいいとか、拡大できるというようなICTの特性を理解していて、さらに、虫のことも考えてのことだと思うんですよね。

つまり、彼らはＩＣＴの機能をある程度知り、それを便利に使う方法を会得して、経験していて、それを学習の場面で発揮しようとしているんですよ。これは生活科の場面ですが、こういう場面は他の教科でもいろいろあると思うんですね。

大人でも、ＩＣＴの操作が上手な人がいますよね。コンピュータにやたら詳しくて「コンピュータ組み立てました」などと言っているような、そういう人じゃないですよ。仕事がさばける人。必要に応じてメールしたり、編集したり、そういうことが上手にできる人は、違う仕事をするときにも、その力が発揮されますよね。何かの編集、何かの会議、何かの本を書く、何かの打ち合わせ、いろんなときに、その人がもってる情報活用能力(52)というのが発揮されて、仕事の場で用いられる。

情報活用能力というのはそういうもので、例えば言語能力とか、ものの見方とかと同じように、最初から学習の基盤として機能するものです。情報活用能力が高まっている子どもたちは、理科の学習も自分たちで道具を使いながら深めたり、必要な情報を集めて比較したりするでしょう。そうすると、

(52) 情報技術に関する技能の理解や情報活用の方法の理解。また、これらを踏まえ自分の考えの形成に向けた問題解決・探求における情報を活用する力。さらに、情報の検討や計画の改善等をしようとする態度などの情報活用能力の要素の例示がされている。新学習指導要領では「知識及び技能」「思考力・判断力・表現力」「学びに向かう力・人間性等」で整理されている。

理科の学習の深まりはもっと早く、そしてもっと個々の関心に応じながら出てくるんじゃないかと。そういう考え方が「学習の基盤となる情報活用」[53]という考え方ですね。これは次の学習指導要領に書いてある言葉です。この考え方で既に実践している人たちは、たくさんいます。

ところが、多くの学校では、ある授業場面で取って付けたようにタブレットを子どもたちに使わせたりする。当然、あまり上手くいかず、その結果、「タブレットはあまり意味がないじゃないか」という感想が出る。そして、使わない方が授業が上手くいくんだからと、使わないことになってしまう。それは当たり前のことで、大体、日頃から使ってないものを急に使って、上手に使いこなせるはずがない。少なくとも、学習が深まるような使い方ができるはずがない。そういった現実から考えると、「学習の基盤となる情報活用能力」という考え方は非常に大事です。この情報活用能力というのは、今ここでお話ししたように「ICTを道具としてどうやって使うか」ということがメインですけれども、それだけじゃないと僕は思っています。

ところで、ここで一つ、付け加えておきたいことがあります。それは、子どもたちの間にある、ICT活用能力の格差についてです。ICT活用の技

(53) 情報活用能力のこと。平成二十九年告示の学習指導要領において、言語能力や問題発見・解決能力と同様に教科等の枠を超えて、全ての学習の基盤として育まれ活用される資質・能力と位置付けられ、カリキュラムマネジメントを通じ、確実に育成されることとされた。

能を家で習熟している子と、一回も触っていない子とで差がついてしまう。するど、どうしても学校側は一回も使っていない子の方を基準にしてカリキュラムを編成しようとする。けれども、それでは退屈する子がどんどん出てきてしまう。そういう事例が報告されています。それをどうするかという話です。

例えば、水泳でいえば、教室の中にすごく泳げる子っていますよね。その一方で、全く泳げない子もいますよね。だからといって、「水泳を教えるのは大変だからやらない」というような話になりますか？　ピアノが上手い子については、中学校に行くと、合唱コンクールの伴奏を任せられます。クラス分けの時に、ピアノが上手に弾ける子がどのクラスにも一人入るように分けられますよ。どこかのクラスが合唱コンクールで不利にならないように。そのピアノは学校で身に付けたスキルですかと言えば、そんなことはない。学校で教えるだけで伴奏ができるくらい弾けるようになったらすごいけど、多分、家庭資本によって培われた能力[54]です。

学校で何かを教えるとき、習字でも、水泳でも、絵でもそうだけれど、上手な子がいて、その子は上手いこと見本になってくれる。そして、学校としては、そう上手ではない子たちをどうやって底上げするかっていうことをしっ

(54) 家庭において獲得された趣味や教養、マナーなどの個人の資産のこと。その人の生活環境や育った環境によるもの。ピエール・ブルデュー(フランス、社会学者)が「文化資本」と提唱し、社会階層間の流動性を高める上では、単なる経済支援よりも重視しなければならない場合もある。「資本として機能するものの中で、蓄積することで所有者に権力や社会的地位を与える文化的教養に類するもの」と定義される。

かりとやっていく。上手な子たちがとても優れた才能をもってる場合は、むしろ学校教育ではなく、社会教育で身に付ける。

　これをコンピュータのことに当てはめれば、コンピュータを使うことがやたらに上手な子がいるとか、全くできない子がいるとかというのは、むしろ当たり前のことで、だからやらないっていうのが僕には理解できない。むしろ、だからやるべきだと本当は思う。

　ただ違うのは、水泳は体育の学習指導要領に書かれている。書写は国語の学習指導要領に書かれている。けれども、ＩＣＴは位置付いてないんですよ。初めて位置付いたのがプログラミング(55)なんです。だからみんなビビるんです。やったことがないから。でも本当は、今までもコンピュータに慣れ親しんできているはずです。今度は「情報活用能力を基盤としてやれ」って学習指導要領に書いてあるわけだから、家で使っていてできる子は、むしろ見本になってもらって、家であまり使っていなくてできない子に対して、どうやって学校にいる間にしっかりと情報活用能力を身に付けさせて、教科の学習で困らないくらいにしてやるかということこそが、義務教育のミッションだと僕は思いますね。次の中学校の学習指導要領は、小学校でそういうスキルを身に

（55）コンピュータに求める動作をさせること。平成二十九年告示の学習指導要領においては、小学校でプログラミング教育が記述された。コンピュータを理解し上手に活用していく力を身に付けることは、あらゆる活動においてコンピュータ等を活用することが求められるこれからの社会を生きていく子どもたちにとって、将来どのような職業に就くとしても、極めて重要なこととされている。

付けていることを前提に教科の学習が組まれているので、小学校の先生たちにしっかりとこのことを認識していただくことは、僕はとても重要だと思います。

しかし、整備がろくにされていない中でそれをやれというのは、これはもう土台無理な話なので、学習指導要領に書かれているようなことができないような整備しかできていない自治体は、これから多分、相当責められる時代になるんじゃないかと思います。現在もちょっと責められ始めていますけれど、整備してない自治体は、「だってお金がないんだもん」とか、「校舎の改築が大変なんだ」とか、そのような理由を言っています。「そんなことを言って、子どもの能力はどうするんだ」ということが、今、国でも議論の的になっています。

子どもたちにメディア・リテラシーを

堀田▼ 例えば、こういう画像（次ページ・かがやく白）をよく大学の講義で使うんですけど、これを見たときに、「何のCMですか」って質問したら、一〇〇％、「洗剤」という答えが返ってきます。映っているのはTシャツなのに、TシャツのCMだと思う人はいないんですね。一〇〇％「洗剤」って言うんですけど、どこにも「洗剤」とは書いていないんですよ。この写真を見て、洗剤のCMだと、どの人も同じように思うのはなぜかという議論です。僕たちは毎日、多くの場合テレビですけど、こうやってメディアと接触してるうちに、いつの間にか「こういうときは洗剤だ」ということを学習してるわけです。学校で教えたわけでもなく、いつも見ているテレビから学習している。「こういうときは洗剤です」「こういうときはTシャツです」などと教えているわけでもないのに、そうやって僕らはいつしか学習している。

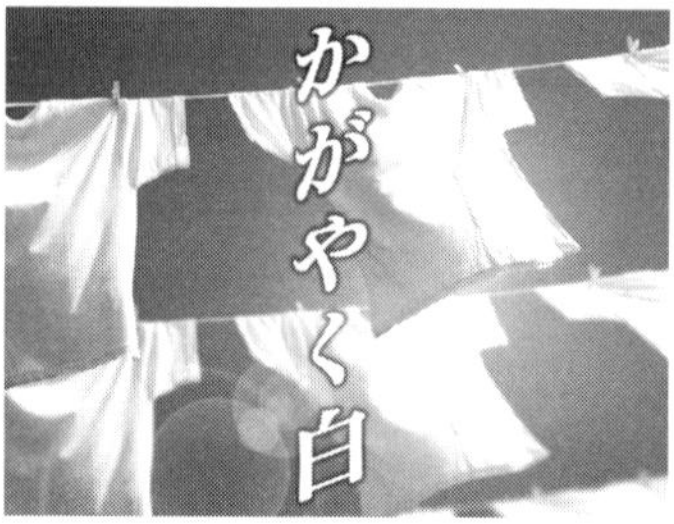

堀田氏が助言している研究会が作成
http://mdtk.mlk5.net/pack/materials/a-kyouzai.pdf
http://mdtk.mlk5.net/pack/

　これは、「いつでもICTを使ってると、いつしかICTの効果的な使い方を学習している」ということと関係しています。それに、「洗剤のCM」と思うようですが、「そもそも家で洗濯するときは、こんな白いTシャツばかり洗わない」とか、「今どきは洗濯紐に干さない」とか、「洗濯バサミまで白なのはどうなの?」とか、かなり不自然な写真なのに、全く不自然だと思わず、すぐに「洗剤のCM」だと思う思考回路になっているわけです。メディアの伝える側は「大体こういうふうにしておくと、多くの人は洗剤と思う」という、見る側の人々のステレオタイプ(56)を利用しているんです。大体、メディアというのは、ステレオタイプを利用して構成されているわけです。

先ほど、「黄金の三日間」という言葉だけ伝わって、周りの少し亜流のいろんなものによってかき消されてしまってるかもしれないという話が出ました。こういうのってメディアの性格と同じで、結局ノイズが入るわけです。このCMについても、いろいろなTシャツの色があって、まさにリアルな家の洗濯物のような感じだったら、違うことに気が行ってしまうんですよ。「あのTシャツ、なんて書いてあるのかな」とか、「私もあのミッキーのTシャツ好きだ」とか。そういった違うことに気が行かないように、かなりシンプルに、「晴れていて、洗剤で、みんなが白く洗いますよ」という、そこに焦点化するために、こういうふうにメディア側は操作をするわけです。

こういうようなことは、ネットではもっとたくさん行われてるし、現在の子どもたちは、みんなが同じテレビ番組を見ているのではなく、ネットで動画をいっぱい見てるわけで(57)、そういう時代になると、一人一人にこういうメ

(56) 特定の文化によってあらかじめ類型化され、社会的に共有された固定的な観念ないしイメージ。例えば、インド人はカレーが好きだという考え方や、女は家事・男は仕事というような見方や考え方であり、テレビやインターネット等からの情報が、全体のイメージとして捉えられてしまう状態のこと。

(57) 幼児から高校生までを見ても、子どもたちの身の回りにあるメディアが増えてきており、情報を得たい時に手に入れたり、自分専用のメディア機器から見ることができたりするなど、多様化が進んでいる。「平成29年情報通信メディアの利用時間と情報行動に関する調査」によると、十二歳以下の子どものうち63・8％が日常的にネット動画を見ており、23・9％がスマートフォンアプリを利用している。

ディアによるバイアスのようなことをちゃんと教えておくべきなんじゃないかなと、僕は思います。

例えば、少し前の子ども用携帯の例ですが、「子どもには携帯を持たせない」という方向で、ずっとわが国は動いてきましたけれど、本質的には、「どうやって使えばこれは有効に使えるか、どういうふうに使ったら適切ではないか」ということこそ、学習させなければいけない。僕はこれを「メディアとの付き合い方学習」と言っていますが、そういうことをちゃんと教えるべきなんです。ところが、「情報活用能力」という言葉をＩＣＴの操作だけに矮小化してしまうと、こういう大切なことが教えられ損なって、テクノロジーの機材の話ばかりを子どもたちが学習しようとしてしまい、「そこでどんなコンテンツを見るか」ということや、「そのときにどういうことに気を付けなきゃいけないか」ということをないがしろにしてしまう。それは、先ほど「先生がデジタル教科書で何か映すときに、どの絵を大きく映して、何て発問すべきなのか、そういうことをちゃんと読み取れてないと駄目ですよ」と話したのと同じで、これからは、子どもたち自身に自分のメディア・リテラシー[58]をちゃんと身に付けるようなことを、学校できちんと教えていかなければいけ

(58) メディアの意味と特性を理解した上で、受け手として情報を読み解き、送り手として情報を表現・発信するとともに、メディアのあり方を考え、行動していくことができる能力。カナダ（オンタリオ州）は一九八七年に世界で初めて国語のカリキュラムにメディア・リテラシーを取り入れた。イギリスでは一九八八年、初の全国カリキュラム制定を機に、メディア教育が制度化された。日本の初等中等教育においては、学習指導要領ではメディア・リテラシーという用語は使用されていないが、概念的には情報教育の文脈で扱われることが多い。

ないというようになっていくと思います。

赤坂▼　自分は、この「ＩＣＴ教育」にどこか違和感をもっていたのですが、そこのところをずばり一個一個、整理してくださって、とてもすっきりしました。というのも、やはりいろいろなところで、「使うこと」が目的化されていて、教育になっていないんじゃないかという事例をあまりに多く見るので、「それは本来のあり方じゃない」というのが今、示されたので、少しホッとしました。

機器に対してアレルギー反応をもつ人たちがいる現状の中で、すべての教師が全ての教室でＩＣＴ教育を行う際に、「ここから始めればいい」というようなことは、技術的なものでいうと、どういった部分なんでしょうか。先ほど、大きく映すという事例が紹介されましたけれど、例えば何からスタートすればいいのか。「これだけは全国の教室で標準装備してもらいたい」というようなＩＣＴ機器みたいなものや、教師に必要な技術があったら教えていただきたいなと思います。

堀田▼ まず、今の話をちょっと二つに分解してお答えしようと思います。

一つ目の、「機器を使うことが目的化した授業」が、特に研究授業でたくさん行われていて、それを見て、みんながICTは使わないほうがいいんじゃないかというふうに思ってしまうということは、全国で繰り返されていますね。例えば、先ほどの谷先生の教育技術の話でも、どういうふうにやればいいかがわからない段階では、まずはちょっと追試してみて、探索的にいろいろやってみるという時期があると思います。ICTについてもそういう時期があってもいいと思っていて、「僕ICTはわからないけど、ちょっと使ってみようか」という試し打ちがあってもいいんじゃないでしょうか。現状では、研究授業でやるんだからと、いろいろなテクノロジーをてんこ盛りで使って授業してしまうことで、見ている人が「ちょっと…」と思ってしまうわけですけど、それは非常に問題だと思います。

だから僕は、ICT活用においては、「研究授業のときはいつもやってることをやったらいい」と言うんです。研究授業用に作り込んでやる授業は、すぐにわかります。「今日、初めてだったでしょう。今日は子どもたちが集中してたけど、いつもやってたら、子どもはそんなに集中しないよ」と。業者までいっぱい呼んで、その人たちがいないとできないような授業をする人がいて、その授業を新聞が取材に来ていて、新聞に載ったりする。でも、「明日はどうするんだ」って、僕はいつも言うんです。「明日はできません」という答えが返ってきますよね。そういうのは、思い出には残るけど、学力としては残らないので、やめたほうがいいんです。

そういう観点から言えば、「いつでも、どの先生でも誰でもできる、操作性が簡単で、教師のもつべき授業の技術として必要なものとかなり呼応するもの」を活用すべきなんです。つまり、どの部分を大きくしたら分かりやすいかを教師がいつでも考える必要があるようなもの。僕は、それが実物投影機だと思う。

「実物投影機でやるべきだ」と、一〇年くらい僕はずっと言ってきたし、最近の文部科学省のいろいろな整備計画でも、小学校と特別支援学校では、普通教室と特別教室に全て、実物投影機を常設させるということを基準として、地方交付税が振られている。そこまでは来ました。でも、これを阻む人たちもいます。機能の高いＩＣＴ、テクノロジーを入れたほうがいいっていう人たちです。「比較的安いものをみんなの教室に入れる」ということの反対で、

「すごく高性能なものをフロアに一台入れます」とか、「学校に一台入れます」とか言うんです。「三階の人はどうするの？」というような話ですよね。すると、「いやいや、給食室のエレベーターがあるから大丈夫」とか、「毎日はやらないでしょう」などと言われます。僕は、そういうのはやっぱり適切じゃないと思っています。

一〇年かかりましたけど、ようやく大きなテレビ（プロジェクター）と実物投影機を一〇〇％設備というのが、一応、整備計画に書かれるところまでは来ました。もちろん、学問としてのエビデンスをたくさん出し、論文も書きながら、現場への普及もしながら、実践でもたくさん成果を出しながらということではあります。それでもなかなか広がらなくて、まだ実物投影機を見たことがない教師もいます。

赤坂▼　それはさすがにないんじゃないですか。

堀田▼　いや、います。

赤坂▼　いますか。

谷▼　ＩＣＴ活用という点で思い出すのは、堀田先生が「アメリカでは、もうＩＣＴ活用をどうしていますかという質問は禁句だよ。黒板をどう使ってますかというのと同じくらい、ＩＣＴを使うことが前提になっているんだ」とおっしゃっていたことです。そういう点では、今、高い機械を買うという話もありましたけれど、むしろ、Googleの、Chromebook(59)なんかに代表されるように、できるだけ安いものを端末としては導入しておいて、クラウド(60)側の方を充実させていくっていう方向性にあるような感じがします。先ほど、記録を取るという機能のことを、堀田先生がお話しされましたが、そういう「ログが取れる」という点では、クラウド上にログを置いておいて、家庭からもアクセスできるし、保護者も見ることができるという仕組の方がいいんじゃないかと思います。

実際、ボストンに視察に行ったときにはSeesawというプログラムを子どもたちは使っていて、子どもたちが今やってる学習は、保護者もリアルタイムに見ることができるし、ログを見ることもできるし、メッセージを送るこ

(59) Google社が開発しているオペレーティングシステム「Google Chrome OS」を搭載しているノートパソコン。

(60) クラウドコンピューティング。インターネットを経由して、ソフトウエア、ハードウエア、データベース、サーバーなどの各種リソースを利用するサービスの総称。

ともできる。当然、教師もそれをモニターすることができるんですよということをおっしゃっていました。でも、日本ではなかなか、セキュリティの問題というか、クラウドに対する警戒心のようなものがあるようで、広がっていかない感じがする。

同じ意味では、教育委員会の動静や、「今日の時間のどこにどの先生がいる」とか、「補教体制をどうする」とかというのも、シアトルで見た学校では、完全に一元管理されていましたけれども、明らかにそのほうが便利だと思われるのに、その仕組みが日本でなぜ広がらないのかという点を疑問に感じています。僕は広がった方がいいと思うんですが、その方向性で間違っていないでしょうか。

堀田▼ 間違っていないですね。補教の話で言えば、それは校務支援システム(61)の機能なんだけれど、「補教のためだけに入れるのはちょっと」などと言われたりします。「別に補教のためだけに入れるわけじゃないよ」と思うんだけど、お金がかかると言われます。まだ校務支援システムが入っていない学校がありますからね。相変わらずエクセルで何かやっているんです。し

(61)「教務系(成績処理、出欠管理、時数管理等)・保健系(健康診断票、保健室来室管理等)、学籍系(指導要録等)、学校事務系など統合した機能を有しているシステム」を指し、成績処理等だけなく、グループウェアの活用による情報共有も含め、広く「校務」と呼ばれる業務全般を実施するために必要となる機能を実装したシステムのこと。

かも、マクロ(62)が上手に組める先生がいた頃のマクロでやっているというような状態だったりします。だから、ちょっとうまく動かないときは、もう違う学校にいるマクロを組んだ先生に電話して、その人が日曜日に来てくれて直すというようなことになります。働き方改革の逆行をしていますよね。でも、そういうことが起こっていたりします。

ここで一つ問題なのは、実は、校務支援システムは一つ一つの学校にピッタリ合うわけじゃないんです。逆に言えば、全国のいろんな学校がやっているようなことを標準的に盛り込んでいるので、自分の学校がいびつになってしまっているところを矯正する機能があるんですけど、そこがあまり理解されていません。まして、学校というのは役所と違って、先生たちがみんな、同じ時間に違う教室にいるんですよ。みんなが近くのデスクにいて、「課長、今何やってる」とか、「お客さんが今日来た」とか、そういうことがあまり察知できない。みんなが分散配置で、常に動いているところで、

(62) パソコンで、複雑な操作の手順をあらかじめ登録しておき、必要なときに簡単に実行させる機能。マクロ機能。

にもかかわらず、子どもが怪我した情報などをいち早く共有されるべき。学校というのはそういう組織ですね。その組織の特性を理解したら、校務支援システムが入り、教室で先生のタブレットなどにアラート(63)が出たりするようなことがあるべきだと思うんだけど、そこがなかなか入っていかない。

調達をして、お金を出す人たちが、必ずしも学校の先生だった人じゃないから、役所の考えでいくんですよ。それで、「エクセルとパワーポイントがあればなんとかなるんじゃないか」みたいな考え方で、「大きなテレビは要るのか」とか、「実物投影機も要るのか」とかいう議論にすぐもっていかれます。

でも、谷先生がおっしゃった方向に、今、国もだいぶ向かい始めました。ですから、クラウドの話は、後半(第2部)でたっぷりしましょう。

谷▼ 承知しました。

(63) 誤操作防止や保存・削除の確認などのために、パソコンの画面上に表示される、警告や確認のメッセージ。

教師の授業におけるICT活用

久川慶貴

授業を行う上で、教科書を主たる教材として学ばせることや、黒板に何をどのように板書するのかを考えることは大切です。不易と流行でいえば「不易」の部分を大切にしながら、より多くの児童に「わかる・できる」を実感させ、質の高い学びを保障するために、私たち教師は、ICTを日常的に活用した指導方法を身に付ける必要があると思います。

ICTを活用して授業を行うためには、教室に機器を常設することが前提となります。実物投影機が常設されていない場合、使いたいと思った時や短い休み時間に機器やケーブル類を準備することになります。これではICTを活用することの負担感が強くなります。よって日常的な活用にはなりません。スイッチ一つでICT機器を活用できる状態にしておくことが大切です。

教師が授業でICTを活用する際のポイントは、「大きく映す」ことです。社会科のデジタル教科書のグラフを「大きく映す」ことによって、児童はどの資料の話をしているのかが一目瞭然で分かります。また、複数のデータを示す資料では、教師がデータを見せる順序を選択することもできます。

算数の授業で、初めて筆算を習う児童に対して、黒板にただ筆算の仕方をかくだけではうまく伝わらないこともあります。教師が実物投影機に児童のノートと同じものを映して、一緒にかき方を示すことで、より多くの児童が筆算の手順や仕組みを理解することができます。「何を・どのように提示して、何と問うのか」はこれまでの授業と変わらない大切な教師の授業技術です。しかし、ＩＣＴを日常的に活用することで、効率的に、より多くの児童に学習内容を習得させることができます。ＩＣＴの活用によって生まれた時間で、児童に議論をさせたり、新たな知識の習得を目指した問題解決に向かわせたりすることができます。

最後に、これからは児童にもＩＣＴを活用させるという視点も重要です。インターネットを用いて情報収集することは今や当たり前になっています。ならば、理科の実験結果の整理・分析の場面で、表計算ソフトを活用して表やグラフを作成することも考えられます。結果の考察やまとめをプレゼンソフトで行うことも考えられます。実験の様子などを写真や動画に撮り、それらを見せながら伝える姿も想像できるでしょう。私たち大人がこのような問題解決を日常的に行っていることから考えれば、むしろ指導することは難しいことではありません。ＩＣＴを活用して学びを質の高いものにすることで、子どもたちに未来を生き抜くための資質・能力を育むことができるでしょう。

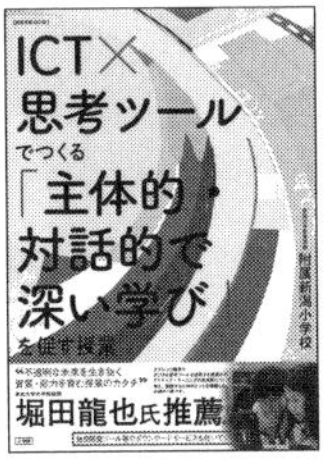

■書籍の紹介①『学習規律の徹底とＩＣＴの有効活用』堀田龍也監修　春日井市教育委員会・春日井市立出川小学校共著（教育同人社）

学校全体で日常的なＩＣＴ活用をしていくことによる効果や、実践を進める際のポイントが示されている。実物投影機を中心としたＩＣＴの活用事例がまとめられている。

■書籍の紹介②『ＩＣＴ×思考ツールでつくる「主体的・対話的で深い学び」を促す授業』新潟大学附属新潟小学校著（小学館）

ＩＣＴや思考ツールを、児童の問題解決の手段として位置付けた先進的な実践がまとめられている。

新学習指導要領でも求められる教師の情報活用能力

佐藤和紀

新学習指導要領では、言語能力や問題発見・解決能力と並び、情報活用能力が学習の基盤となる資質・能力であると記述されています。二〇二〇年から始まるプログラミング教育も、この情報活用能力の一部として位置付けられています。

情報活用能力が身に付いていなければ、子どもたちはＩＣＴを学習の道具として上手に活用することはできません。ＩＣＴと情報活用能力はセットで考え、共に育成していく必要があります。そのためにまずは、学習者用コンピュータなどのＩＣＴを操作する力をしっかり指導して身に付ける必要があります。キーボード入力は必要な操作スキルの代表といえるでしょう。しかし、二〇一五年に国が実施した情報活用能力調査によれば、小学五年生の子どもたちはキーボード入力が一分間に五・九文字しか入力することができませんでした。これでは、いくらいい考えや文章が頭に浮かんでも表現することができず伝えることもできません。子どもたちがＩＣＴを活用した授業では、キーボード入力の遅さが授業を停滞させ、貴重な時間を失う事態となっています。キーボード入力を学ぶ時間を確保し、繰り返し練習し、授業に支障のないレベルのスキルを身に付ける必要があるといえるでしょう。

しかし、ICTの「操作スキル」を身に付けるだけでは不十分です。ICTを学習の道具として使えるようになるには「情報を適切に扱う力」も同時に身に付ける必要があります。例えば、必要な情報をネット上で探し出す力、多くの情報を収集して、整理し、分析し、批判する力、プレゼンテーションソフトなどを使って自分の考えを表現する力などが挙げられます。これらの力を学習指導要領では「情報活用能力」と呼んでいます

私たちはこの情報活用能力を駆使して仕事をしています。インターネットから必要な情報を収集し、情報を整理して分析したり、ネットワーク上でファイルを共有して議論したり、プレゼンテーションソフトでまとめて発表したりします。今や仕事に情報活用能力は欠かすことができません。世の中では、情報活用能力に長けている人ほど仕事が早く、「仕事ができる人」と評価されています。

子どもも大人と同じで、情報活用能力があれば学習が捗ります。しかし、情報活用能力がないと授業が遅延します。子どもたちは何をどう調べ、整理すればいいのか分かりません。だから学習効果も上がらず、自ら学ぶことに苦労します。学校は責任を持って情報活用能力を育んでいくことが新学習指導要領で求められています。

■書籍の紹介①『メディア・リテラシー　―世界の現場から―』菅谷明子著（岩波新書）

二〇〇〇年に出版された本で、世界のメディア教育が紹介されています。人生の大半をメディアとともに過ごす現代社会で情報や報道の客観性や公正さ、暴力表現の影響などが議論になっている今、メディアのあり方と可能性について考えることで、情報活用能力を捉えることができる一冊です。

■書籍の紹介②『情報社会を支える教師になるための教育の方法と技術』堀田龍也・佐藤和紀編著（三省堂）

本書に登場する堀田龍也先生との編著、若手教師と教員養成の学生のために書きました。Society5.0の時代に合わせた教育を実現するために、基本的な指導技術である発問や指示から情報活用能力やプログラミング教育まで、理論と実践を往還しながら学べます。

教育に科学とシステムを！

谷 和樹

いろいろな学校の校長先生と話す機会があると、次のような提案をすることがあります。

「笑顔」と「学力」の相関関係を研究しませんか。

簡単なことです。

教室に固定カメラを設置させていただくだけでいいのです。先生の笑顔率はＡＩが自動的に認識します。半年から一年ほど記録します。後で子どもたちの学力の伸びを見ればいいのです。

笑顔がダメなら「発問と指示」でもいいのです。それならカメラはいりません。マイクだけ設置します。それでデータがとれるのです。テキストマイニング（文章データを単語や文節で区切り、分析する方法）の手法も進んできています。どんな指示が子どもを動かすかが定量的に分かります。

ちなみに、どの教室のどの先生のどの子どもたちのデータなのかは、大学側にも研究者にも、一切分かりません。単にデータとして処理し、どの程度の「笑顔」なり「発問と指示」なりが、どの程度効果があるか、という一定の知見が得られるだけです。個人情報は完全に保護されます。結果によって先生方に評価が下されることもありません。

そういった提案をするのですが、これまで「やりましょう」と言ってくれた校長先生は一人もいませんでした。したがって、どんな技術・技能・方法が、どの程度効果があるのかという研究ができないのです。

今、本書の第一章を改めて読み返し、結局、堀田先生も、赤坂先生も、私も、同じことを言っているなと感じました。それは「真に教室で役に立つ可能性がある研究と実践」が、まだ日本では進んでいないということです。

確か一九八四年でした。向山洋一氏が「教育技術の法則化運動」を立ち上げた時、次のように述べました。

法則化運動は「教室の現実に役に立たない今までの教育学」から絶縁したところから始まる。

そうです。絶縁せざるを得なかったのです。

大学の先生方が研究をされ、学会で発表される内容が、ほとんど何一つ現場で役に立たないからです。もちろん、現場の先生も学会で発表をされることがあります。しかし、発表されている論文が、全国の教室に広がって実践され、修正意見が加えられたという話は聞きません。

例外的に素晴らしい報告はきっとあるのでしょう。私が知らないだけだとは思います。しかし、学会で発表する多くの現場の先生方は、そのまま「えらい人」になります。役に立たない研究は依然としてそのままなのです。

本書の中で堀田先生が言われた言葉、

「先生たちがやりたがるかどうか」ということが大事

この言葉こそ本質だと思います。

教師というのは、単にその教科のアカデミックな内容に詳しい人のことではありません。「教える」という技術・技能・方法を高度に身に付けていなければなりません。その技術・技能・方法が明確になっていないのです。

教育に科学とシステムがない。

だから、それをつくろう！　その意識を先生方にもっていただこう！　というのが、本書第一章の肝だと考えます。

例えば、次のようなものがほしいです。

① 基本的な学力保障のための教師用「発問・指示・留意点」集
② 「黄金の三日間」等のマニュアル（堀田版、赤坂版、谷版、その他）
③ 「教師の技能・腕前」を測定するビデオ・アセスメントツール
④ 好きなメンター先生に弟子入りしてトレースできるマイスター制度
⑤ 上手い教師が高評価される授業コンクール等の競争システム

⑥ 赤坂先生の「学級機能低下の5タイプ」等を測定する評価指標
⑦ 向山洋一先生の「授業の原則一〇カ条」の科学的エビデンス
⑧ 教師用の汎用クラウドシステム

もちろん、このすべてにしっかりとした科学とエビデンスがほしいです。

そろそろ、「授業や学級経営の上手な学校の先生」と「授業や学級経営について現実的な研究ができる大学の先生」とがちゃんと仲良くくっついて、本当に意味のある教育ツールを開発する時期に来ていると思います。

第2部

教育の未来

—Education in the future—

新しい時代の教室のあり方 ―Society5.0[64]の中の学校教育とは―

人口が減少していく時代に、どうやって子どもを育てていくか

堀田▼ 後半戦はこれからの、少し未来のことですね。

次の学習指導要領が二〇二〇年からスタートしますけれど、時代の流れは早いので、その学習指導要領が一〇年間ずっと使われるということはないかもしれないくらい、いろんなことが今、検討されています。その話題提供を少しして、そういう時代の授業実践とか、あるいは教育の技術というのはどうあるべきなのか、教師の役割はどうなのか、学級経営というのはどうあるべきなのかということを議論できればと思っています。キーワードは「Society5.0」です。これについては、動画が政府広報として上がっていきます(https://www.gov-online.go.jp/cam/s5/)。この動画を見ると、そうい

(64) サイバー空間とフィジカル(現実)空間を高度に融合させたシステムにより、経済発展と社会的課題の解決を両立する、人間中心の社会。内閣府の第五期科学技術基本計画に置いて、我が国が目指すべき未来社会の姿として提唱されたもの。

う時代がもうすぐそこに来てるんだなっていうことが分かります。しかも、こういう動画をテクノロジーの会社がCMで使っているのは今までもありましたが、政府広報としてやってるんです。つまり、「そういう時代が来ますよ」というメッセージです。「お年寄りも若い人も、みんなそういう時代で暮らしていくんですよ」と。「便利になって良かったですね」だけじゃなく、「そういう技術で助かることがいろいろある一方で、そういう技術を次々に新しく生み出していくのは、今の皆さんが担任してるお子さんたちですよ」と、そういう形で先生方には考えていただきたいです。特に小学校の先生は、授業でこの動画を見せて、子どもたちに議論させるようなことをしっかりやってほしいなと、僕はいつも思っています。

これ（下図）は、人口の世界的な動向です。世界的に見れば人口は爆発的増加の最中で、これは止まっていないわけです。

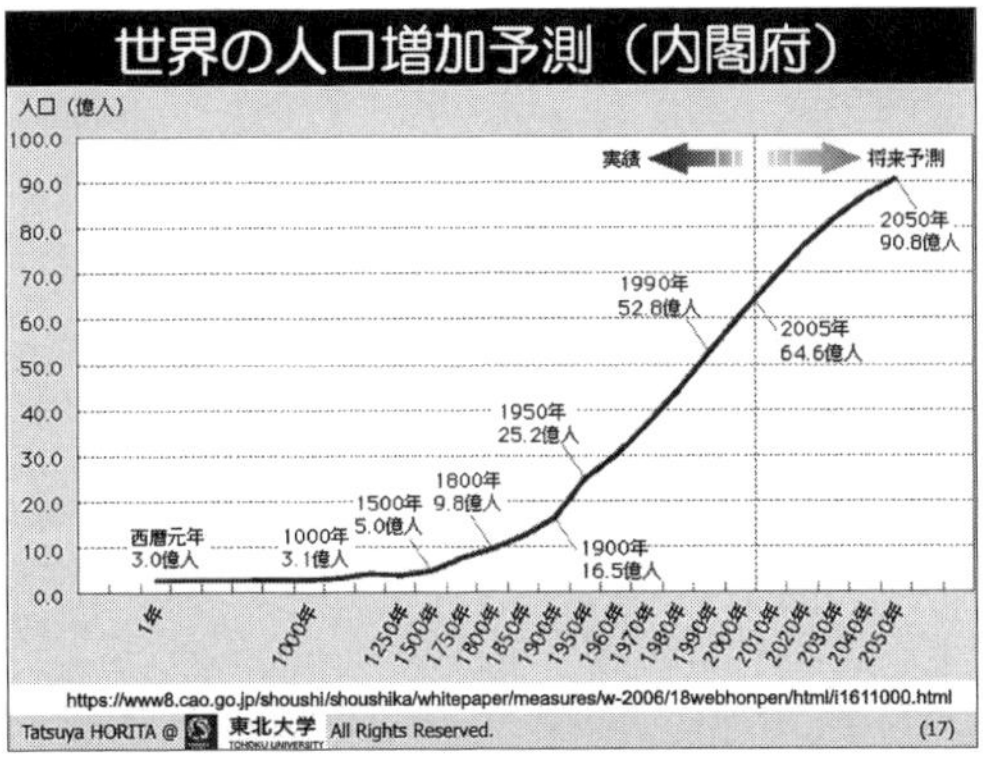

二〇五〇年には九〇億人になると言われています。僕が小学校や中学校のときは、「世界の人口は四〇億人」と習ったんですが、人口が直線的に伸びていくということは、つまり、食糧が足りなくなるということなんですね。地球の面積は一緒ですから。そうすると、効率的な食糧生産ということが当然議論になります。開墾できる土地、あるいは食物生産ができるエリアというのは限られて有限だから、どうやって効率的に食糧生産をしていくか、どのようにテクノロジーを使っていくかを考える必要が出てきます。例えば、植物工場とか、いろいろな考えが出ていますよね。当然、技術によって支えられないと食糧難が起こることになります。だから、世界中でAIなどを使った食糧生産の技術に注目が集まっているんです。

　日本の人口推移は世界とはちょっと違っていて、右肩上がりで増加していったのは二〇〇四年までで、そこからは人口が急激

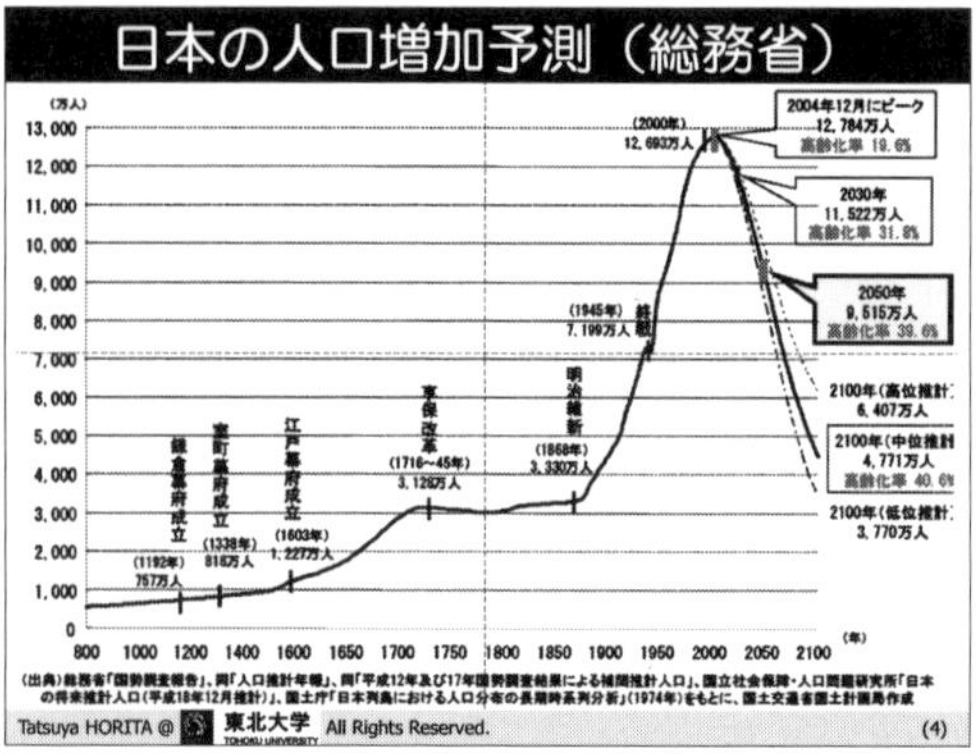

に減少しています。二一〇〇年頃には明治維新の頃くらいまで減るんじゃないかということが予測されています。ですから、少子化、高齢化というのは非常に大きな課題です。

ところで、中教審(65)などで議論されるときに前提となっている資料や情報というのは、「今の学校現場がどうか」という情報も当然出てきますが、それよりも「わが国はこれからどうなるのか」とか、「日本が日本という国で生き残り続けていくためにどういうふうな教育を施していくべきか」という、かなり大局的な話です。人口が減少するということはどういうことかというと、働く人が減るということですね。それで、働けない人が増えるわけです。働けない人たちをどうやって介護していくか。あるいは、体はあまり動かなくなっているんだけれど、頭はまだちゃんと動くという人に、どうやって職業参画していただくか、社会参画していただくか。そういうことのバリエーションを増やしていくということになるわけです。

今までのように直線的に人口が増えているときは、終身雇用が前提で、入った人がだんだんキャリアを重ねていって、最後、学校なら校長先生になって終わればいいというふうになっていたけれど、人口減少の時代は、むしろ、

(65) 中央教育審議会のこと。文部科学大臣の諮問機関で、文部科学省に置かれている多数の審議会のうち最高の位置を占め、最も基本的な重要事項を取り扱う。

自分のスキルは自分で責任をもって、自分で開発して、いろんな仕事に就きながらやっていく。あるいは一人が二つの仕事に就く。例えば、学校で先生をしながら何か別のことをやっているというようなことが、多分、普通になると思う。というか、そういうことを普通にしないと世の中が回らないっていう時代ですね。そういうことができるお子さんたちをどうやって育てていくかというのが、今行われている議論だということになるわけです。

新しい時代の初等中等教育のあり方について

堀田▼　オブザーバーとしてお集まりの皆さんに、本日、資料をお配りしました。これは教育再生実行会議という首相直轄の、総理直轄のところが出している「第十一次提言」という提言です。二〇一九年五月十七日に出ました。本文は、首相官邸のホームページにありますので、それを見てください（https://www.kantei.go.jp/jp/singi/kyouikusaisei/teigen.html）。技術の進展に応じた教育を革新するという教育の革新の話と、高等学校改革の話が書かれています。そして、わざわざこの二つに絞って検討された背景が、「はじめに」のところに書かれている。少子高齢化がどうだとか、「学びは終わりのないプロセスだ」とか、ＡＩがどうだ、ビッグデータ[66]がどうだとか、そういうことが書いてある。今度の学習指導要領のことも、こういうような大きな議論からスタートして、検討されたんです。現在、学習指導要領がようやく、まもなく全面実施になるというこのタイミングで、もうその次の議論がスタートしているんですよ。そのくらい、社会が塗り替わっていくスピードが速くなっているということになります。

今のは政府の話ですけれど、もう一つ、文部科学省としての大きな動きで、中教審の諮問というのが二〇一九年四月十七日にありました。文部科学大臣が中央教育審議会という諮問機関に、「これからの新しい時代の初等中等教育のあり方について検討してください」ということを依頼し、一年半くらいかけて検討されたことが、これから中教審の答申として返ってくることになります。ここで議論される予定の内容というのは、教員が多忙すぎるので、どうやって支えていくかっていうことですね。教職に真剣な人が一生懸命働いてる事自体は認めるとしても、ずっと持続可能な形で働いていただくための社会の仕組みはどうあるべきかというようなことです。例えば、「コンピュータで可能なことはコンピュータを使ってやりましょう」「そこの部分はもう

(66) 情報通信技術（ＩＣＴ）の進歩によってインターネット上で収集、分析できるようになった膨大なデータ。例えば、位置情報による人口の動態、交通情報の動態、購入履歴による消費の傾向と予測、言動の履歴による振る舞いの傾向などがある。

ＡＩに任せましょう」みたいなことも含めてです。先生が先生であるべき、教師でこそやるべき仕事は何なのかということの精選に、これから入っていきます。

多分、今日の授業技術の話とか学級経営の話は、残っていく方の話だと思うんですね。これからの新しい時代で、その授業技術や学級経営がどういうふうになっていくのかということを、それぞれの専門家の人に話を聞きたいなと思うので、この資料を持ってきたというのがあります。

一方で、この提言の中にも書かれていますが、「学校のＩＣＴ環境が世界に比べて圧倒的に遅れてしまっている」という現実があって、それは、「国がお金を出して学校が整備する」といったような話じゃない。義務教育では、学校の整備者というのは市町村ですから。区市町村が整備してきたかどうかが問われてるわけで、そういう意味では、国が方向を示して、地方交付税がありますから、あとは学校の設置者である地方でちゃんとやってくださいねということになります。「やらなかったら自己責任です」というようなことになっているわけですが、そういう緊張感を自治体がもっているかどうかというのは、これから非常に大きなことになります。

そういう整備もせずに、先生たちの働く環境や子どもの学ぶ環境を時代に合わせて十分に整備をせずに、というかできずに、その中で教師に働けと言えば、当然、働き方がしんどくなるし、そういう職業は人気がなくなって質の高い人が集まらなくなっていく。そういうことが繰り返されていくであろうと予想されるわけです。ここを何とか食い止める方法はないかということがこの答申の議論で、例えば「教員の定数をもうちょっと柔軟にしてはどうか」とか、「教員免許は今、教科を基準にして出しているけれど、もうちょっと大くくりにして、もっと本質的な、学級経営とか、授業の技術とかそういうところを教員免許で保証するべきではないか」とか、そのような議論が、今、動き始めました。そのような状況なので、おそらく、今日の前半（第1部）の議論に近づくようなことが、政策として打たれていくようなことについて、これから議論が始まるという、そういう明るい未来がなんとなく見えてきています。このタイミングで、これからの教育技術や、これからの学級経営について、ぜひ専門家に語ってほしいなと思っています。

僕の専門であるＩＣＴについて先に言っておくと、先生が教えやすくするために使用するというのは、もう既に終わった議論になっている。これもまだできてないところは、相当遅れていて、周回遅れです。今度は子どもたちが道具としてICTを持ったときに、情報活用能力をちゃんと身に付けて、さらに、教科の深まりを自分のペースで、あるいは友達と一緒に協力しながらやっていくスキルというのをどうやって身に付けるか。自立的な学習者が一人だけで勉強するんじゃなくて、人と一緒に勉強する、リソース(67)に頼りながら勉強する、自分の学習をどうやって組み立てていくかということをやっていく時代に向かっていく。そのときに、私たちがスマホもパソコンも使っているように、子どもたちも何らかの道具で外の情報を集めながら、整理しながら、それを用いながら学習をしていくということを、小学校の段階でどれくらい入れるべきか、中学校でどのくらい膨らますべきか、高校になったらどのくらいやらせるべきかみたいな議論が行われています。今、大学はもうほぼBYOD(私的デバイスの活用)(68)になっていますけれど、高校でももっと子どもたちに任せていくべきじゃないかという議論がされています。先ほどの教育再生実行会議では高等学校の改革の話になっているということです。だから、テクノロジーの話と一緒に議論されているのはたまたまじゃなく、密接に関係した話だということになります。

(67) 一般的には資源、経営資源、コンピュータなどの計算資源（コンピュータリソース）を指す。本稿では「リソースに頼りながら勉強する」と述べられていることから、児童生徒が学習に取り組む際の資源（教科書、ノート、デジタル教材、友人、教師、Webコンテンツなど）を指す。

(68) 社員や学生、児童生徒が個人で所有しているスマートフォンやタブレット、ノートパソコンなどの端末を企業や大学、学校に持ち込み、業務や授業等に活用する仕組みのこと。Bring Your Own Device の略。

小学校は人格の完成を目指す教育基本法の感覚からいくと、先生がやらなければいけない仕事というのは当然たくさん残っているし、今までと変わっちゃいけないことも、きっとたくさんあると思います。けれど一方で、時代によっていろんな不整合が起こってしまっていることもあると思いますね。制度疲労とか、そういうことがいろいろ起こってると思うし、僕ら教師のものの考え方も、少し変わらなきゃいけなくなってるところがあるんじゃないかと思います。それについて、ぜひ、谷先生、赤坂先生のビジョンを聞きたいなというふうに思います。

ICTを活用している先生方の中にもレベルがある

佐藤▼ ありがとうございます。続いて、谷先生、赤坂先生の順番でよろしくお願いいたします。

谷▼ 今、お話しいただいたSociety5.0を踏まえ、なおかつ、ＡＩ、ロボティクス[69]、そういったさまざまな社会の変化に対応して私たち教員の世界も変わっていかなければならないだろうということは、確かに実際、思うん

(69) 工学の一分野。制御工学を中心に、センサー技術・機械機構学などを総合して、ロボットの設計・製作および運転に関する研究を行う。ロボット工学。

です。その一方で、「ＩＣＴ活用」という言葉について、堀田先生は「もうそれは終わっているよ」ということなんですが、実は、ＩＣＴを活用している先生方の中にもレベルがあるんです。確かにアメリカはみんなＩＣＴ活用が常識になっているかもしれないけれども、上手に使える先生とそうじゃない先生っていうのはやはり存在すると思うんですね。

例えば、先ほどお話をしたSeesaw（https://web.seesaw.me/）というのは、エンパワー、スチューデンツ、トゥー、デモンストレート、アンド、シェアラーニングという、こういう仕組みで、クラウド上でデータをやり取りしていけるという大変便利な仕組みです。それほどスキルは高くなくても、ある一定の効果が見込めるというシステムだろうとは思いますが、しかし、これも上手に使えるかどうかというのは、やっぱり教員側の技能にかかっているということですね。それからシアトルでは、プログラミング関係で「マイクロビット」(70)というのを見せていただきました。とても小さい、可愛い板ですね。その板をパソコンにつないだり、スマホと無線でやりとりさせたりしながらプログラムをしていくと、いろんな動きをする。そこで、世の中のプログラムの仕組みを教えていくのに大変便利な道具だということなんです。

（70）イギリスの公共放送局であるＢＢＣ（英国放送協会）が中心となって開発した教育用の小型コンピューターボード。ＬＥＤ、ボタン、温度センサー、照度センサー、ジャイロセンサーが搭載されているが、安価に購入できることが特徴。

こういった道具が教室に入ってきて、先生方が使うようになると、確かにそれは良いことなんですが、やっぱり悲しいかな、上手にそれを使える先生と、なんとなくしか使えなかったり、そもそも滞ったりしてしまう先生が出てきます。それで、またさっきの議論に戻りますが、「じゃあ、使わなければよかったじゃないか」みたいな話になったりするという現象があります。

そういった意味では、前半にお見せした「ベーシックスキル」には、実は、7の後ろに⑧、⑨、⑩というのがついていまして、⑧番に「教材の駆使」というのを出しているんですね。この「教材の駆使」というのは、良い教材を選ぶ力みたいなことはもちろんありますが、それだけではありません。たとえ良い教材であっても、使う側の力量によって、効果的に使える人とそうじゃない人がいますよと。分かりやすい例でいうと、フラッシュカード(71)というものがあります。紙でできていて、何枚かのフラッシュカードを手に持って、次々とめくりながら子どもにリピートさせていく、ただそれだけなんですが、これを上手にできる先生と

教師のベーシックスキル7＋3

① 表情（笑顔）
② 声（声量・トーン）
③ 目線
④ 立ち位置・動線
⑤ リズム・テンポ
⑥ 対応・応答
⑦ 作業指示
＋
⑧ 教材の駆使
⑨ 緩急
⑩ 時間感覚

(71) 学習教材で、単語や数字、絵を書いたカード。幼児などの学習者に短時間見せて、反応速度を向上させ練習をする。早期教育などで用いる。小学校では、授業の導入や英語、外国語活動などで、ICT（スライド）を活用しながら、前時の授業の振り返りや単元に関連する学習内容を、短時間で取り組まれることが多い。

できない先生がいます。上手にできる先生というのは、フラッシュカードを持って子どもの前に立ち、ニコっと笑って、「はい」と言っただけで子どもたちがパーっと集中していくさまがありありと見て取れるわけですが、上手じゃない先生が同じフラッシュカードを持ってご指導なさると、どうも子どもたちが集中しない。「使わないときよりはマシだったよね」という、そういう感じになるわけです。

他の例を挙げると、先ほどからお話が出ているＩＣＴ機器の中に、電子黒板というものがあります。電子黒板もタッチをすれば動くものだから、便利には便利なんですけれども、「どうも電子黒板の方を見て子どもにお尻を向けながら操作しているよね」という先生がいたりして、使い方そのものに何らかのスキルが存在するということは否めないですね。

それで、やっぱりこのスキルを高めていく必要があるんです。僕たちは、次世代型、Society5.0型、ＩＣＴ活用スキルみたいなものを、この⑧番の「教材の駆使」の下位構造としてつくっていく必要があると考えています。「電子黒板をタッチするときに子どもたちの方を見なければならない」とか、「動かしていくときのリズム、テンポがある」とか、「子どもの目線みたいなのがあって、子どもに紙を配ってそれを見ろと言っているときに、スクリーンに映したら視線が分散するじゃないか」とか、そういった非常に細かいレベルのものから、大きなレベルのものまで、さまざまに存在すると思っています。

つまり、そこに教育技術としては、「不易と流行」の不易の部分と新しいものとをミックスさせた、何らかの新しい形が必要だと思います。これは私たちが、多分二〇年くらい前から提案し続けているんですけれども、完成した形で体系化はされていない。スマートボードという携帯用ホワイトボードや、電子黒板、あるいはプロジェクター、あるいは拡大投影機に代表される、新しい技術に振り回されることなく、それを自在に使いこなせる力量が必要なんだろうということを思います。

それから、時代はクラウドという方向に必ず向かっていくし、そうあるべきだと考えています。そのクラウドというものに対する先生方の認識をどのように高めていくのか、また、クラウドを使いこなしていく技術というのもあると思います。

英語の「やり取り」の評価にはＩＣＴが向いている

谷▼　あと、教育技術関連で、最近議論した具体例の中からお話しします。今、英語教育が小学校で教科化されるという形で入ってきました。教科になったということは「評価」をしなければならないということです。それで、英語で評価をするっていうことは当然、何らかのテストをしなければならないわけですが、英語は「読む、書く、話す、聞く、やり取り」という五領域があるので、それぞれの領域ごとにテストをしなければならないはずなんですよ。「読む、書く」はまだ分かりますよね。これは多分、紙でテストが可能であろうと。「聞く」についても、ＰＣや何らかの方法で英語を流して、どのくらい聞き取れたかは、きっとテスト可能なんだろうと。ところが、「話す」と「やり取り」については、どんなふうにテストをするのかなということなんです。

　僕は、いろいろなところで聞くんですが、明確な答えをしてくださった人はいませんでした。「なんとか社の市販テストを買いました」というような

ことを言うんです。「これで五領域全部できるんです」って言うから、「いや、ちょっとどういうふうに、五領域やるんですか？ それ、ペーパーテストですよね」って言ったら「そうです」って言うわけですよ。「ペーパーテストでどうやってやり取りを評価するんですか」って聞いたら、「うーん」って言うんですよね。

せっかくこうやってＡＩだの、ＩＣＴだの、クラウドだのって言っているんだから、やっぱり、それをちゃんと使ったほうがいいんじゃないかと僕は思うんです。「日本の子どもたちが英語をしゃべれない」ということも含めて、自信をもってたくさんしゃべっている子どもをどう評価するか。ちょっとくらい間違えても、「友達とやり取りをした」というその活動量をどう評価するのか。何個間違えたとか、文法がどうとかということではなく、「ポジティブに誰かとやり取りした」っていうその量そのものを、どうやって定量的に評価してあげるのか。教師が「二人ずつ来なさい」と言って、一組ずつ全員を会話させてみるなどということはできません。だったら、二人組に一個とか四人組に一個とかいう形で、子どもたちにタブレットを渡して、このタブレットの前で会話をしろと言う。「自動的に記録するぞ」と。自動的に記録したら、間違ってても何でもいいからログが残るので、やり取りをしている、会話がつながっているということが分かるわけですね。

昨日、僕は英語関係のセミナーに行っていたんですが、タブレットを使ってデモンストレーションして見せました。そうすると、簡単に音声認識するし、Googleドキュメントを開いておいて、その前で二人組でしゃべると、次々に音声認識されたものが記録されていくんです。どっちが誰のセリフかも、もちろん後で分かるし、どうつながってるかも分かるわけです。自動的に文字数も、単語数もカウントされて、例えば「谷が何単語話した、堀田先生が何単語話した」ということが分かるわけですよね。そうすると、質はともかく量的な問題や、「会話がつながっているか」という問題でいうと簡単に評価できる。けれども、そういったものを使うスキルが教員の側にない。

今みたいなことを取り入れれば、かなりの割合で子どもたちのモチベーションを上げながら、いわゆる形成的な評価をすることができます。例えば、なわ跳びの級表のように、あるいはバスケットボールで、パスがつながったことを心電図的に線のつながりで表現しますね、ああいうやり取りの評価のように、子どもたちに評価させることが可能なのではないかと思うんです。僕は、ＩＣＴを活用していく技術っていうのは、もう、そういった時代に入っていくし、入っていかなければならないんだろうと思っています。

堀田▼　谷先生、今おっしゃった、英語の、特に話すことの評価については、中学校でつい最近行われた全国学力・学習状況調査において、話すことを学校のパソコン室のコンピュータでやるということがありました。もちろん、いろいろ課題もあるわけです。ファーストケースですからね。でも、大体九五％以上の学校で実践ができていました。五〇〇校はできなかったんですけど。その五〇〇校ができなかった理由は、「ＩＣＴ機器の機能が低すぎて、そのプログラムが動きません」ということです。

ですけど、これからいろんなテストはＣＢＴ（コンピュータを利用した試験）(72)になるんですよ。なぜかというと、そうしなければ、たくさんのデータをあっという間に集めて、その中から累計を示してっていうＡＩは動かせないからです。

先生はどんどん忙しくなります。全部ネットワークで、

(72) コンピュータを利用して行う試験のこと。Computer based testing の略。ＴＯＥＩＣや文部科学省によって実施された情報活用能力調査もＣＢＴによって実施されている。

クラウド前提だとあっという間にデータがたくさん集まって、そのデータの中から類型化して、評価して、返すみたいなことができる。例えば「Siri」(73)は何か言うと返してくれますよね。あれは全部、クラウドでやってることです。自分のスマホの中にいろんなものが入ってるわけじゃないですからね。自分のスマホは音声を認識して、そのデータを送っているだけです。そのデータをサーバが全部分析して、返事を作って、自分のスマホに送ってくれているんです。日常で使われているこういうのもクラウドが前提なんですけれど、学校のコンピュータはクラウドにつながってないのがほとんどです。

　理由は、「いかなる個人情報もうちの市から出してはいけない」とか、「区から出してはいけない」とか、個人情報保護条例による規制が堅牢につくられているからです。でも、それ、昭和の時代の話ですから。今でも学校では、Wi-Fiも駄目だとか、いろいろなことがある。以前のWi-Fiは確かに穴だらけだったと思うんです。でも今は、政府のいろんなシステムでもデフォルトはクラウドです。「クラウド・バイ・デフォルト」(74)っていうんです。つまり、「前提はまずクラウドです」と。「いろんなところにサーバを置くようなことはしません」と。「全てクラウドに上げてください」と。それで、そのクラ

(73) Apple社のOSで提供されている音声AIアシスタント。「HeySiri」というユーザーの合い言葉によって、コンピュータが反応し、自然言語処理（人間が日常的に使っている自然言語をコンピュータに処理させる一連の技術であり、人工知能と言語学の分野）を用いて、質問に回答、推薦、Webサービスの利用などを行う。「Siri」とは、Speech Interpretation and Recognition Interface の略。

(74) 政府情報システムを整備する際に、クラウドサービスの利用を第一候補とすること。

ウドが一番安全だというふうに理解されている。国は、もうそういう状況になっている。高校でも、そうなっている。だけど、小中学校の学校現場が、まだそういうふうに置き換わってない。

これについて、六月に文部科学大臣がこれからの整備の方針をがんと出しますけど、そこには「クラウド・バイ・デフォルト」って書いてあります。そのくらい、これからは整備がクラウド前提になってくる。クラウド前提になるということは、クラウドにあるデータやクラウドにあるプログラムを動かすことができればいいので、早いネットワークさえあれば、端末は安くていいんです。三万円くらいの端末で、あとはクラウドにつながればいろんなことができるわけだから。そうすると、その三万円くらいの端末だったら、学校にたくさん入れられるでしょう。今はネットワークが全然駄目だから、相当な機能があるパソコンを使い、いろんなソフトを全部インストールしている。そして、いろんな機能をつけちゃったので使いにくくて動かないというようなことが起こっているということです。

だから、これからは、基本的には全部クラウドに変わっていくというふうになっていきます。谷先生のおっしゃるとおりですね。

佐藤▼　ありがとうございます。今、手元のＰＣでいろんな認識システムを見ているのですが、これがもっともっと向上していくんですね。

谷▼　先ほどはタブレットでの実践の話をしましたが、Googleドキュメントでもできるんですよ。基本的に同じことなんですが。

堀田▼　こういうのを教師は知らないんだよね。

実は、「これは個人がしゃべったことなので、個人情報だ。だからクラウドに上げるのはまかりならん」っていう条例が各自治体にあった場合、これからは、そんな今の時代に合わない条例を入れているところの一覧を出すと政府は言っています。だから、多分、すぐ変わると思います。

必要なのは子どもたちの将来に対して本気になって議論する大人の存在

赤坂▼　堀田先生のお話を受けてということなんですけれども、ちょっと違う話をさせていただきます。

皆さん、本当に人口減少時代って肌で感じてますか？　例えばですね、やっぱり学校経営を考えたときに、校長先生のビジョンってすごく大事になってくるわけなんですよね。それで、校長先生の多くは大体五十五歳から六〇歳くらいの間じゃないですか。今、同期が校長になり始めているところなんですよ。自分と同年代かそれ以上の方々と話してみると、実は人口減少とか、そういった世の中の変化に対する危機感が非常に薄い方がいます。結局、「文部科学省からこれが降りてきた、これが降りてきた、これが降りてきた」っていうことを、学校の中でどうやってカリキュラムに反映するかということばっかり。じゃあ一体、何のための情報活用能力なのか、何のためのICT教育なのか、何のための英語なのかっていうビジョンが、実は、スクールリーダー(75)の皆さんからは、あまり聞こえてこないんですよね。これは教育委員会の学力向上担当班の人たちと話していてもそうで、「この学力向上がどうなるのか」というところの、「何のためにこれをやっているのか」っていうところが、実はあんまりきちんと説明されないんです。「数字を上げるんだ」とか、「とにかくこの新しい言葉をどうやってカリキュラムの中に反映させていくのか」というような話になってくる。でもやっぱり、本来の、二〇一五、一六年辺りの学習指導要領改訂のあの議論にきちんと立ち返って、

(75) 中核的中堅教員のこと。学校教育が直面する諸課題の構造的・総合的な理解に立って幅広く指導性を発揮できる教員。

全てそこから考えていくべきじゃないかなって思うんです。

つまり、これまでの学習指導要領と今回の学習指導要領は、つくった側の本気度がだいぶ違うわけですよね。それを考えたときに、「何のためか」ということです。多分、堀田先生の方が詳しい話になると思うんですけど、学習指導要領の改定は二〇三〇年の話から始まっていますよね。とにかく世の中が変わるんだと。仕事がなくなって、そして変わっていくんだと。そういった激変する社会をどうやって子どもたちが乗り越えていくのか。乗り越えていくという消極的な対応の仕方ではなく、変化そのものになっていくためにどういうふうな子どもたちに育てていけばいいのかという議論から、そもそもが始まっている。そこから作られたのが、「社会に開かれる教育課程」(76)ですよね。

何か、学習指導要領がいざ始まるぞという話になったら、オリンピックや万博の話で全部吹っ飛んでいってしまって、「何のための学習指導要領なのか」というところが全然聞こえてこないのが、本当に今、不思議で仕方がない。でも、過去もそうでしたよね。「総合的な学習」が始まるときも何だかんだ議論があったけれど、いざ始まってしまったら、「そんな騒ぎありましたっ

(76) よりよい学校教育を通してよりよい社会を創るという理念を学校と社会が共有し、それぞれの学校において、必要な学習内容をどのように学び、どのような資質・能力を身に付けられるようにするのかを教育課程に置いて明確にしながら、社会との連携及び協働によりその実現を図っていくこと。

け？」みたいな（笑）。結局、始まっちゃうとみんなが議論をしなくなるという、学習指導要領って、そういった性格があるんじゃないですかね。

「何のためにこれらをやるのか」っていうところを考えた上で、Society5.0を考えていく必要があるんだと思うんですよね。結局、学習指導要領における資質・能力の三つの柱(77)とかって言われていますけど、結局あれらで何を身に付けるのか。一言で言ったら何ですか。プログラミングだとか、道徳の教科化だとか、いろいろなことを言っているから、現場の先生たちがパニックになるわけですよね。「あれもしなきゃ、これもしなきゃ」って。でも、結局何かというと、子どもたちを「良き問題解決者」にすることですね。

つまり、これからの世の中は、非常に流動的な社会になって、日々、その問題解決能力が問われていくという時代になっていくのではないでしょうか。だから、「問題解決できる子どもたちを育てていこう」っていうことで、今、指導している。

自分も含めて、ほとんどの教師は、固定的社会で価値観が育てられてきたんですよね。だから、今のこの、流動化する社会を、実は本質的に理解できてないいんじゃないかという、そういった不安がある。そこで、今の私の根源

(77) 平成二十九年告示の学習指導要領では、育成すべき資質・能力を「知識・技能」「思考力・判断力・表現力」「学びに向かう力・人間性等」の三つの柱で整理した。

的な問題意識というのは、固定的な社会、つまり価値観がバチッと決まった社会を生きてきて、それが当たり前だと思ってきた人たちが、今、流動化する世の中を生きる子どもたちを育てているっていう、そこなんです。だから、今、一番求められているのは、子どもたちの将来に対して本気になって、「この子たちに必要なものは何か」ということを議論する大人の存在なんですね。それなのに、本質的なことがどこかへ置き去りにされて、枝葉末節のところの話がいろいろ進んでいるっていうのが今の学校現場かなと、自分なんかは見ていて思うんですね。

で、そもそも、アクティブ・ラーニングが「主体的・対話的で深い学び(78)」って名前に置き換わりましたけど、アクティブラーナーっていうのは皆さん、どんなイメージですか。

私はですね、平昌オリンピックのカーリング女子のイメージなんですね。「今、この局面を切り抜けて勝つ」という目的に向かって、メンター、先輩、そして仲間。彼女らと協働して戦うわけです。そして、作戦タイムの時に使用しているタブレットには、過去・現在を含めた膨大なデータが入ってる。人間の記憶力を超える膨大なデータです。そういったものを活用しながら、

(78) 二〇一七年二月十四日に公示された小中学校の学習指導要領改定案から、「アクティブ・ラーニング」という用語の代わりに「主体的・対話的で深い学び」という言葉が用いられるようになった。

学んだ知識と鍛え抜いた技能で、今、この局面を打開するために現在の問題に向かっている。こういうのがアクティブラーナー。マスコミなどの報道を見ていると、「そだねー」とか「もぐもぐタイム」とか、どうでもいいようなところにばかり注目していましたけど、あの氷上の短いやりとりで合意形成して次のアクションを決めるというあの力。ああいったことが、本当のアクティブ・ラーニングの力ですよね。子どもたちにそんな力を付けたいわけですよ。今の子どもたちの「話し合い活動」などを見ていると、何かすごくまどろっこしい。形にとらわれて、生産性が高まるようなことをやれていない。

皆さんは、これから必要なリーダーの能力って何だと思いますか。例えば、工業化社会のときは、とにかくＩＱの高い人がリーダーシップを握った。それから、一九九〇年代以降、ダニエル・ゴールマンの紹介したＥＱが脚光を浴びました。心の知能指数です。さて、これからの時代に大切な能力の指標は何でしょう。

私が注目するのは、キム・ムゴンという学者が

提唱した「NQ」です。NQというのは、ネットワーク指数です。「共存指数」や「思いやり指数」ともいいます。つまり、いかに人々の間にネットワークや人との関わりをつくり、その中で幸福の実現や目的を達成するかを計る尺度です。そういったものがこれからの人には求められるのではないでしょうか。人の生き方の重点がIQからEQ、そしてNQに向かっていく。そういった中で、人を巻き込み、自他の幸せを実現するという能力の中に、ICTなどが位置づいていかないと、意味がないと思うんです。高度なテクノロジーは、それ自体価値があるかもしれませんが、道具は人の幸せに貢献して初めて、その真価が発揮されると思うわけです。

フェイス・トゥ・フェイスのコミュニケーションを

赤坂▼　先ほどクラウド化の話が出てきましたけれど、このクラウド化の話っていうのは、実はもう、一九九〇年代から映画などいろんな世界で取り上げられています。「全てものがクラウドでつながっていく」という映画で一番思い出されるのは『マトリックス』[79]ですね。最

(79) 一九九九年のアメリカ映画。アンディ・ウォシャウスキー、ラリー・ウォシャウスキーが監督を務めている。仮想現実空間を舞台に人類とコンピュータの戦いを描いたSFアクション。

近では『ゴースト・イン・ザ・シェル（攻殻機動隊）』(80)。ああいった世の中っていうのは、すごく便利になっていくように見えるんですけれども、ものすごいリスクがあるっていうことですね。そのリスクは何だと思いますか？クラウド化されている世の中のリスク。

先生方は、タブレットとか、スマホとかを持っていらっしゃると思うんですが、今、先生方が記憶していないようなご自身の情報も、この中にみんな記録されていますよね。それから、PASMOとかSuicaとかのＩＣカードを使えば、どこの電車に乗って、いつ降りたかということが全部記録されている。自分の情報ではあるんだけれど、ここには予測できない他者の存在が入っている。つまり、これは今、自分であるはずなのに、実は自分でなかったりするんですね。

生物学的には、私たち人間は、自分と自分じゃないところの境界線がすごく曖昧にできているという話なんです。実は外部のものが自分の体の中にいっぱいあるんです。人体には、自分の脳以上の重さの外的生命体、つまり微生物が入っているんです。結局、われわれの体は自分の内と外がとても曖昧な状態で存在しているんです。

(80) 二〇一七年のアメリカ合衆国のSF映画。士郎正宗の漫画『攻殻機動隊』を原作とし、ルパート・サンダースが監督を務め、ジェイミー・モスとウィリアム・ウィーラー、アーレン・クルーガーが脚本を手がけている。

これと同じように、全てのものがクラウド化されてつながれていくと、自己の一部としてつながった他者が「なりすまし」などフェイクだったりすることも起こります。すると、「自分への信頼」の一端が崩れることになります。それが重なると、本来もつべき基本的な自信がどんどん崩れてくる。

皆さん、変化に対応する力について、何が最も大事だと思いますか？

変化に対応する力について、ジグムント・バウマン（ジークムント・バウマン）という社会学者は、「三重の信頼が必要だ」と言います。自分への信頼、人への信頼、そして社会への信頼です。こういった信頼の厚みが、変化に対応していくためには必要だと。非常に重要なんだと。そうしたときに、信頼関係をきちんとつくっていくということ抜きに、技術的なものだけを進めていくと、自分そのものが信じられなくなっていく。得意な人はいいんです。好きな人はそれでいいんですが、変化していく世の中に踊らされていく中で、どんどんものが発達していくほど自分に自信がもてなくなり、孤独を感じていくというようなことになりかねないです。ですから、そういったときに最も大事なのは、「信頼関係」をどこで子どもたちに教え、つくっていくかということです。

信頼関係はどういうところでつくられるかというと、それは結局、リアルなフェイス・トゥ・フェイスのコミュニケーションの中です。フェイス・トゥ・フェイスのコミュニケーションの中でつくられた信頼関係が、だんだん広がって、同心円状に広がっていくという構造があるわけです。ですから、ＩＣＴ等で顔の見えない誰かとつながっていく、そういった能力を拡大させていく時代に、ひょっとして、とても大事なのは、フェイス・トゥ・フェイスのリアルな人たちとつながりであったり、身近な問題解決を一緒にやっていく仲間を獲得する力であったりすると思うんです。まさに、不易と流行ですね。

実は、そういった力を付けていくのがＩＣＴや学級経営だと思うんです。学級経営の中で、「身近な人と信頼でつながる力」と、「顔の見えない人とつながっていく」ということをセットでやっていかないと、子どもたちを、思わぬところ、思わぬ闇にはめ込んでしまうかなと思います。

堀田▼　いい話だね。「そだねー」って思いました（笑）。

ちょっと真面目な話に戻ると、『リキッドモダニティ ―液状化する社会』（ジークムント・バウマン著　大月書店）という有名な本があるんです。ソリッドつまり固定的な社会が、リキッドつまり液体のようになっていくという。これは二〇〇〇年頃の概念なんだけど、今回の学習指導要領の改定とか、そういうことにも、この考え方は十分に使えると思います。というのも、何で外国語が必要なのかというと、外国の人たちといっぱいコミュニケーションする時代だからですよね。この間、入国管理法が変わって、これから外国の人が日本で暮らしやすくなっていく。それは日本が人口激減だから、労働人口が足りないからという社会背景もあってのことです。だから、これからやたらと外国人が周りにいるっていう時代になるわけです。

日本人ばかりだった頃の私たちの感覚では、多分説明できない力が、子どもたちに要求される時代になるわけですね。それで、その人たちと、例えば音声での翻訳装置とかも上手いこと使いながら、上手にコミュニケーションして、信頼しあって、一緒に何かをやっていくというようなことが、これから必要になるスキルです。そのときに、テクノロジーがいろいろな意味で助けてくれるわけだから、情報活用能力がちゃんと身に付いてないと、いろんなところで、問題解決で齟齬が起こるという話です。

そのために、仕組みがどうなっているかを知っておく必要があるとか、クラウドがどうだとか、そういう話を教えることになって、プログラミング教育が必修化になるという話になっている。これは、全部同じところから来てる話なんです。赤坂先生がおっしゃった、「何でこれが各論になって、キーワードだけで思考停止になって、それをやらなきゃいけないみたいになるのか」ということです。

こういう話になると、すぐ「文部科学省が悪い」っていう話になるんですが、文部科学省はかなり総論的なことを大局的に見て学習指導要領などに書いているのに、なぜか、先生たちのところへ届くときには、「これは何個以上やっておけ」とか、「これは何時間以上やっておけ」とか、そういうふうに矮小化されて、形式だけが届いてしまう。僕は、これが日本の今の教育制度の非常に究極的な制度疲労(81)の問題だと思う。伝言ゲームでおかしくなっていくっていう。でも、もう国がダイレクトにいろんな情報を発信している時代だから、現場はそれをダイレクトに見ればいいんです。そして、直接理解すればいい。そのくらいの時間的余裕が現場に必要な時代なんだけれど、そうなっていないから「働き方改革」の話がある。大体、忙しくなってる理由は、途中で、つまらないことで負荷が付け足されて、先生たちに降りていくからで

(81) 制度が運用されているうちに社会状況が変化し、制度の目的と実情がずれてしまい、うまく機能しなくなった状況のこと。

す。先生方は「何かいっぱいやることが来るから、もう考えもせず返信している」みたいな状況になっているから、考えなくなるんですよね。この構造的な問題をどうするかというのは、これから私たちが考えなきゃいけないことかなと思います。

先ほどの赤坂先生の「問題解決ができる人を育てる」っていうのは、全くそのとおりで、日本人が日本だけで暮らしていた右肩上がりのときには想像もつかなかった問題がいっぱい起こるわけですよ。新しいことを考えても、それをやる人がいないとか、してくれる人がいないとか、機械に任せざるを得ないとか、「どこまで機械にやらせるのか、どこは人間がやるのか」みたいなことを峻別しなきゃいけないとか、そういうようなことを考えるこれからの時代に、情報技術のことが全く分からなくていいのか。「それは人がやるべきじゃないか」などという〝べきだ論〟ばかり言っていていいのかということです。「人がやるべきかもしれないけれど、人がいないんですよ」っていう時代の話を、今しているんだということが、今日、今、この場で顕在化して非常に良かったなと思います。そういう多様な時代の子どもたちの、「人を信頼する」という根源的な部分、特に「小学校で教えるべきことは、実はリアルなフェイス・トゥ・フェイスだ」っていう話は、僕はとてもいい話だと思うんですよね。

例えばＬＩＮＥとかのやり取りですぐ行き違うのもそうです。お互い気を使いながら言葉をかけるというような直接的な経験と、「手紙を書いて渡したら、返事の手紙を書いてもらって嬉しかった」みたいな、手紙というメディアが人との間に入った経験があり、そういうことを順番に経験してからＬＩＮＥに行くべきなんだけれど、いきなりＬＩＮＥを使うから、行き違いが生じてトラブルが起こるんだと僕は思うんです。

小学校教育で、とりわけテクノロジーとの接点のところは、「直接体験からどうやってだんだん便利なものに移っていくか」ということをやらずに、急に便利なものを触らせると、その便利さの価値が分からなくてトラブルが起きるっていうことはよくあるんですね。「いろんな人の意見をいっぱい付箋紙に書いてまとめるのがすごい大変だ」っていう経験をして、その後に整理してくれるソフトを見たら感動するし、折れ線グラフを嫌になるくらいいっぱい書いてから、自動的に書いてくれるものを見たときにはありがたいと思うわけで、僕は「そういうプロセスを小学校教育ではそれなりに大事にしなきゃいけないな」って思いながら今の話を聞きました。

佐藤▼　ありがとうございます。では、最後に、谷先生、赤坂先生、堀田先生という順番で、これまで語られたことを具現化していくために、「働き方」の問題も踏まえて、「どのくらいのバランスでどうしたらいいか」といった話をしていただきたいと思います。よろしくお願いします。

クラウドを活用した教師の学びについて

谷▼　働き方改革という制度的な問題は、行政、国レベルの話になってしまって私のエリアではないので、堀田先生にまたお話しいただいたらと思うんですけれども、僕たち現場レベルでは、結局、「本当に忙しい現場の中で、どうやって明日の授業の準備をするんだ」と、これなんです。通学の安全の確保もしろと言われますし、虐待があれば安全を確認しに行けと言われますし、そういった、本来の業務ではないことに時間と労力をとられてしまう。僕たちの本来の業務は授業なわけなのですが、この授業に本当に精力を注ぎ込むための時間が取れていないんじゃないかということがあります。

例えば、本をどのくらい読んでいるのかという観点でいうと、やっぱり先生方はなかなか読書に時間を割けていない。明日の準備的なつまみ食いで精一杯で、自分の知的レベルを体系的に高めていこうとする、〝腰の座った読書〟みたいなやつが、なかなかできていないんじゃないかと思うんですね。

教育に関して、いわゆるまとめサイト(82)というやつがあります。例えば、明日、跳び箱の指導があるから「跳び箱」と検索をすると、まとめサイトが出てくる。内容も、何か、ちゃんと書いてあるっぽい感じなので、大体これをパーッと見て分かったつもりになる。だけれども、実際にはそんなに上手にできるものではないという感じなんですね。

こういったものはこれからどんどんつくっていくべきだと思うのですが、どうやって活用できるものにしていけばいいのかという点では、国がクラウド上に先生方の知恵を集積していくということよりも、私たち民間レベルで、先生方がそれぞれに発信していこうと考えているわけです。バラバラに発信してまとめサイトになってもいいけれども、例えば、私たちTOSSでは、「TOSSランド」(http://www.tos-land.net)という形で、同じフォーマットで見れるようにすることをやっています。これは相当な数の先生がご覧になっ

(82) ネットに散らばる情報をテーマごとにまとめるサイトのこと。個人・団体を問わず誰でも開設できる。キュレーションサイトとも呼ばれる。

ているようです。このサイトは玉石混交とまでは言いませんが、そこそこ良いものもありますが、中にはやっぱり「これどうなの?」という指導法もあります。ですが、そういうものも含めて、「発問と指示と留意点がちゃんと分かる形で集めよう」ということで集めているので、随分多くの先生方に利用していただいてるのだろうと思うんです。ただ、このサイトは二〇〇〇年にオープンしたものなので、だんだんと古く昔っぽい感じになってきてしまいました。そこで、今年、新しくしていく作業を急ピッチで進めています。

これは「指導案をどんなふうに先生方にクラウドで共有してもらうか」という試みですが、それ以前に、もうちょっときちんと深く勉強したいときに、いわばAmazonの中にKindleがあるように、教師がさまざまな教育に関することを勉強できる、教員向け電子書籍サイトみたいなものがあったっていいんじゃないかと、「TOSSメディア」(http://tossmedia.jp/)というものをつくりました。大きな特徴としては、全文検索できるんです

ね。横断検索という形で、先ほどの「跳び箱指導法」というキーワード検索をしていただくと、その指導法の含まれている本が全部ヒットするんです。これも、こういうタイプのものが幾つかのエリアで複数あったほうがいいんじゃないかなと思うんですね。

更に、電子書籍を読んで、「ちょっとイメージできないんだよな」という人たちのためには、「TOSS動画ランド」(https://m.tos-land.net/)というものがあります。授業の名人が授業している様子を、または、学級経営の名人みたいな人が実際にお話をしている様子を動画で見ることができるのです。「動画を見て、ニュアンスを掴んでください」っていうことですね。これだけじゃなく、YouTubeみたいなもので、もう少し大規模に、「先生チャンネル」みたいなところに動画を集めるという試みも必要だろうと思います。

あとは、紙とデジタルとの融合という点で、TOSSの機関誌『教育トークライン』があります。「紙でしか伝わりにくいよね」というその紙の優しさ、紙の良さみたいなことを大切にしながらも、「デジタル・トークライン」というサイトで紙からデジタルへつないでいって、「ここに書いてあることをちょっとカラーで見せますよ」とか、「ここに書いてあることを、もうちょっと動画で説明しますよ」というような形の連携を、一個一個、試みているところです。

こういったさまざまな取り組みについて、TOSS以外の研究団体も含めて、いろいろとつながっていけるようになるといいなと思っています。

今、大学では、クラウド上でプレゼンをさせるということがもう常識になっています。Prezi（https://prezi.com/ja/）というクラウドサイトで作らせて、僕と一緒に共有をして、いろいろなことをプレゼンさせているわけです。

小学校低学年向けのブッククリエイター（https://bookcreator.com/）というサイトも利用しています。小学生でも簡単にネット絵本が作れるんです。いろいろなものを教師が使いこなしながら、その知恵を共有していくという仕組みをつくっていくことが一つの方向性としてあるし、これを最先端の形で進めていきたいと思ってます。

佐藤▼　つまり谷先生の考え方というのは、教師の学び方みたいなことをクラウドベースでしていって、もっとどこでも学べるようなスタイルに変換していくべきなんじゃないかということですね。

谷▼　紙ベースとクラウドベースの両方ですが、少しクラウドベースにウエイトを出していこうよということです。

今、学校の先生が奪われてるのはやりがい

赤坂▼　私はちょっと違う観点、異なる観点からお話したいと思います。いろいろ学校改善にかかわらせていただいているのですが、学校改善が成功する一つの必勝パターンがあるわけです。道筋はいろいろあってもいいと思うんですが。

私がかかわってるような学校は、教職員に若年層が増えてきて、学級経営などがしんどい状況にある。日本が高齢化しているのに学校現場は若年化してるっていう[83]、非常にアンバランスな状況にあるわけですよね。そういったときに、学級経営が分からなくて、各学級が苦しくなっていく。授業も成り立たない、せっかく学んだ教育技術も活用できないっていう状況にある学校が、どういうふうに立ち直っていくか。

まずやっぱり、学級経営をしっかりと行い、良い学級をつくることです。もちろんそれは、授業も含めてのことです。授業がつまらないところで、ど

（83）文部科学省が実施している学校教員統計調査によれば、近年、教師の年齢構成は大きく変化し、若年化が進んでいる。特に大都市圏は二十代と五十代の割合が高く、ミドル層と呼ばれる三十代や四十代の教師が少ない状況にある。

んなに学級経営だけ充実させても、生活づくりだけ充実させても上手くいかないので、やっぱりある程度の授業ができることを前提に、学級経営をきちんとつくっていく。

ところで、先生方のモチベーションって何ですか？　私は、今の働き方改革に欠けている議論があると思っています。例えば、「時短、時短」と言っていますが、要は何のために時短をしてるのかという、その目的がすっぽ抜けていて、「とにかく業務を減らしましょう」という方向に行っていますよね。私たち学校の先生が今奪われてるのは、忙しさとか時間とかそういったものじゃなく、多分、「やりがい」なんじゃないかっていうことですね。

つまり、「やりがい」が搾取されている。「やりがい」をもう一回復権させるというか、先生方の手に取り戻すということをやっていかないと、本当の意味で働き方改革になっていかないんじゃないかなというふうに考えています。

そもそも先生方というのは、子どもとつながりたかったんじゃないのか、子どもの成長に寄与したかったんじゃないのかと思うんですね。実際に学校支援をさせていた

だいていて、子どもと信頼関係をつくっていくと、先生方のモチベーションは、やっぱり上がるんですよね。その結果、授業もうまくいくので、学力も上がっていくという、そういったような道筋が見えてくるわけです。

しかし、T（先生）C（子ども）の関係というのは複雑です。

子どものやる気というのは何に支えられるかというと、C—C、つまり子ども同士の関係性なんですね。でも、子ども同士の関係性をつくるには、教師と子ども（T—C）がつながっていないとC—Cはつながっていかないということなんですよね。ポイントはその次で、実はT—Cがつながるために重要なのが職員室なんですね。教師同士（T—T）の関係ができていくと、先生方は職員室でTからCをつなぐためのエネルギーをもらって一人一人を支援するので、CとCがつながっていく。それが子どもたちのモチベーションにつながっていくという、こういった研究もあるんです。そういった、「構造的なところから子どもたちのやる気を創出し、先生方のやる気を取り戻し、回復させていく」というような大局的な戦略が必要だというふうに思うんです。

人と人とがつながるとどういうことが起こるかというと、われわれのレジリエンス（心の回復力）が高まっていく。コミュニケーションとは、ざっくり言うと「おしゃべり」なんです。信頼できる同僚がいて雑談ができるとか、そういった環境が各職場にあることによって、先生方が外に行って学ぶとか、それこそＴＯＳＳに行って学ぶとか、大学院で学ぶとか、そういうことができてくると思うんですね。

やっぱりまず、先生方が元気になっていくこと。実はこれが働き方改革で最も重要なポイントだと考えています。そのために大事なことは、「ソーシャル・キャピタル」(84)つまり学校の先生方の社会資本をきちんとつくっていくという、そういった学校文化をつくっていく。そのために大事なことは、校長のスクールマネジメントももちろんですが、校内研修などを積極的に活用したらいかがでしょうか。

先生方のモチベーションが上がるような、つまり、同僚性が高まり成長実感のあるような校内研修に質的変換をしていくということが、大事なんじゃないかなと思っています。

重要なのはリーダーシップ層の教育

堀田▼　僕は、今、まさに赤坂先生がおっしゃったように、何のために専門

(84) 社会関係資本のこと。人々の協調行動を活発にすることによって、社会の効率性を高めることのできる、「信頼」「規範」「ネットワーク」といった社会組織の特徴。

職に苦労して就いたか、試験まで突破して就いたかということを考えたときに、その原点を忘れないで、やりがいをもち続けて頑張る教師たちのその人生を保証するということが重要だと思うんですね。

特に小学校の場合は、バーチャルではなく、ネットを介したものではなく、子どもたちのリアルなところがすごく大事になる。

例えば、大人になったら「学び方」を知らなければ仕事も生活もできないから、学び方をしっかり教えるのが小学校だと考えれば、授業だってリアルが大事。もちろん学級経営だってリアルが大事。いずれネットでいろいろなコミュニケーションをするだろうけれど、そのためにも直接的なコミュニケーションの経験がふんだんに行われてることが、失敗も含めて大事だと考えれば、まさにリアルを保証する先生たちの、働く環境をどうするかということです。

そこに先生たちが専心していただくために、極端な話、教師の仕事ではなさそうなものはできるだけ整理して、できるだけ機械に任せましょうという、そういう話だと思うんですね。「人手が足りないので、人を増やしましょう」と言ったって無理だし、そもそも、教員が公務員である以上、公務員を増やすっていうのはわが国ではもはやありえないわけです。なぜならば、税収が減るんだから。税金で動いてる人は減らすっていうのが普通の考え方です。

そういう意味で、非正規の先生たちが増えていくし、五割くらいの限られた正規の先生たちと、五割くらいの非正規の人たちを抱えて、それを上手いことマネジメントしながら、その人たちの特性や良さを生かしながら学校を経営していくっていう時代になる。それでもなお、一人一人の教師が忙しすぎて思考停止にならないようにしていくためには、やっぱり僕は、便利なものはどんどん使っていくことが必要だと思う。先ほどの話にもあったように、例えばクラウドにするとか、例えばいつでも先生たちが情報を得られるようにしておくとか、校務支援システムを入れるとか、そういう話は、逆に言えばお金で解決できることなので、その環境の整備はきちんとやるべきだと。

そういった整備をせずに、それを先生の仕事にしているから、先生たちが忙しくなりすぎて、メンタルをやられて休んでしまうようなことになる。それを一生懸命カバーする周りの人もどんどん病んでしまう。そういう大変なところには行きたくないと、優秀な人材が集まらなくなっていくという悪循環を早く阻むためにも、ＩＣＴ環境の整備っていうのは、現在急ぐべき一丁目一番地の仕事だと僕は思っている。

そういうつもりでいろいろ進めていますけれど、実際にクラウドが学校現場に届いて、それを使っていろいろなことができるようになっていけば、学級経営における意思決定とか、学習指導要領における意思決定とか、いろいろな意思決定の支援は、多分、ＡＩが助けてくれるようになるんですよね。「先生、あの子あんまり分かっていませんよ」というように、「言われてみればそうだな」みたいなことをＡＩが助けてくれながら、未熟な教師を支援してくれながらやってくれると思います。そのためには、いろんな学校の、いろんな子どもたちの、いろんな学びの状態をクラウドで共有し、それが分析されるような研究が行われて、「教師を支援するＡＩ」が発達していく必要があるのです。多くの学校で、「学校がネットにつながっていない」「コンピュータもない」といったようなことが続けば、永遠に先生を助けるＡＩが作られないということですから。長期的に見ても、マイナスがどんどん膨らんでいく状況になります。ですから、環境の整備をすべきだっていうのが僕の一つの大きな主張です。

もう一つは、環境が整備されてない頃の、例えば校内研のあり方とか、学年会のあり方とか、そういうようなことが、今はもう立ち行かなくなっているのに、まだ形式的に残っているということについて。形骸化しているところはどんどんなくしていくとか、もっと実質的なものに置き換えていくとかしていく必要がある。これができるのは、リーダーシップ層なんですよ。その人たちが今、思考停止してしまい、上から来たものを一生懸命返すことに躍起になってしまっているから、やっぱり上手くいかないのだと思うので、このリーダーシップ層が本質を見るようにならなければいけない。だから、僕は管理職教育、ミドルリーダー教育っていうのがすごく重要だなと考えています。

若い人たちは昔とあまり変わらないように、上手に学級を経営する。上手に子ども同士の付き合いをつくる。上手に授業を教える。そこにもっと専念すべきだし、そこはあまり昔と変わらないと思うんですが、リーダーシップ層は社会の形が変わっているので、やらなきゃいけないことがかなり変わってきていると思う。それなのに昔ながら

のやり方でやってしまっていることが、いろんな意味で上手くいかなくなってる理由になってるのかなと僕は思うので、そこが一つ、これからの課題ですね。これを制度で変えていくか、研修で変えていくか、そこはもういろんな難しさがあるのですが、とにかくもう、ありとあらゆる方法でアプローチして、少しずつ変えていくしかないと思っています。

佐藤▼　「これからの時代の教師に求められる役割、能力、考え方、取り組み方」について、教育技術、学級経営、ＩＣＴ活用の観点から、三人の先生方に基本的な話をしていただいた上で、「Society5.0の中の学校教育」に関して議論して参りました。教員として学校で勤務する上で重要な三要素が、これからの時代においても変わらず重要で、その役割も明確になる時間になったように思います。三人の先生方、お集まりの皆様、長い時間ありがとうございました。

本当に問われているのは「教師のあり方」

赤坂　真二

最初に堀田先生から、世界の人口動態と日本の人口動態の比較をきっかけにして問題提起がなされました。本文の資料を見れば明らかなように、世界の人口が増加するにもかかわらず、日本の人口は激減するのです。私たちが今常識だと捉えていることのほとんどは、人口増加の時代につくられたものです。人口が減少する時代の生き方を誰も知らないのです。さらに注目すべきはそのスピードです。猛烈な変化の勢いは、十年という学習指導要領改訂のサイクルを許容しなくなるかもしれません。こうした世の中の変化が加速する状況で、未だに旧態依然とした姿を残しているのが学校です。その象徴的な姿が、学校現場におけるＩＣＴ環境ではないでしょうか。これまでの学校は、工業化社会（Society3.0）

に適合する子どもたちを育ててきました。したがって、学校の仕組みから教師のあり方に至るまで、そうした社会に都合よく整えられてきたと言えます。しかし、世の中の変化は、確実に学校の姿を変えようとしています。そうしたときに学校が現在のＩＣＴ環境のように「周回遅れ」の状態にならないためには、学校は、何を守り、何を変えたらいいのでしょうか。

この堀田先生の問いかけに対し、谷先生は明確に回答を述べています。英語のやりとりやGoogleドキュメントの編集作業を例にした子どもの達成度の評価におけるＩＣＴ機器の可能性を示す一方で、それを使いこなすのは教師であり、教師のスキルが学習効果を左右することをズバリと指摘しています。この先どんなに技術が進歩しようと、それを活用するのは、人であるわけです。技術が発達したら、その分「技術の駆使」も教師の力量形成に付随してくるのです。教師の最も古典的な教具は、「チョーク一本、口一つ」と言われます。未だにそれで勝負しようとしている人もいないわけではありませんが、タブレットやクラウドにあるデータやプログラムの引き出しなど、新しい技術を受け入れ、学んでいかねばならないでしょう。これらは時代と共に次々と開発されていきます。その傍らで、道具は変われども「技術を使いこなす」ことは、厳然として存在し続けるわけです。

谷先生が、方法論における教育の不易と流行について、端的にお答えくださったので、私はその目的の部分についてお話しさせていただきました。新学習指導要領のねらいは、資質・能力の育成です。資質・能力の育成のねらいは、子どもたちの質の高い問題解決能力の育成です。資質・能力は新学習指導要領から使われている言葉ですから、流行の部分です。新学習指導要領は、教科書内容を教える〝コンテンツ・ベース〟の教育から、資質・能力の育成〝コンピテンシー・ベース〟の教育に変わったのです。しかし、その問題解決は、一人で黙々と考えるのではなく、他者との対話を通じた協働によって解決にあたる、つまり、協働的問題解決のことを言っています。「協働」も流行と言えます。しかし、その他者との対話や協働を促す基盤は、相手との信頼関係です。ここは、わが国の教育が従来から大切にしてきた教育活動の基盤中の基盤と言えます。私は、変化の時代をつくる「生きる力を育む基盤」は、極めてベーシックな信頼に基づく教育であることを指摘させていただきました。

堀田先生は、谷先生と私の話を受けて、ご自身の専門の領域からテクノロジーと子どもたちの生活の接合のお話をされています。三人の話から見えることは、未来の教育はある日あるとき突然始まるのではなく、従来から大切にされてきた本当に大切なものの上に積み上げて構築される、少なくとも教育はそうあるべきではないかということです。

また、最後に、これからの教育を実現するための具体的方策を「働き方改革」の視点を入れながら語り合いました。谷先生はクラウド上のコンテンツも含めて、教師の学習内容から学び方まで網羅した情報の共有を示し、私は、信頼基盤の教育で教師の「やり甲斐」の創造を提案しました。そして、堀田先生は、教師が「教師でなければやれない仕事」に専念するためにICT環境の整備を訴え、そのために推進役である指導者層の教育の充実を訴えました。

鼎談から浮き彫りになってきたのは、教師のあり方です。これまで人は、ある意味絶対的な存在でした。しかし、AIの発達によって、史上初めて人の存在が相対化され始めているのです。今まで人が占有してきたことが、機械でもやれる時代になってきました。すると、当然「本当に人がすべきことは何か」が問われます。教育も同様です。ICT環境が整備されると、今までマンパワーでやってきたことを機械が代行してくれるようになります。そうしたときに「教師がしなくてはならないこと」「教師でないとやれないこと」は何なのでしょうか。教育における改革の本丸は、学校でも仕組みでも道具でもなく、教師のあり方なのではないでしょうか。広く社会に目を向け、変化から滲み出るメッセージを真摯に受け止め、何を大切にして何を変えるかを一人一人がしっかりと考えていく必要がありそうです。

あとがき

堀田 龍也

二〇一九年三月に、谷先生と一緒にシアトルの学校視察に行きました。佐藤先生も同行していました。昼間はしっかり視察して議論しました。もちろん、夜もたくさん教育談義をしました。

二次会になり、ずいぶんアルコールも回ったところで、佐藤先生がこう言いました。

「これからの情報社会を踏まえた授業技術のことや学級経営のことを、先生たちで議論しているのを聞いてみたいです。学級経営の分野で現場の先生たちを引っ張っている赤坂先生と三人の議論が聞きたいです」

やや酩酊気味だった谷先生の目がパッチリと開きました。

「いいね、それ。さっそくやろう」

谷先生も私も大賛成。そして谷先生はこう言いました。

「佐藤先生、企画よろしく」

私もこう言いました。

「司会もよろしく」

かくして、今回の鼎談が実現することになりました。その夜はもう一度乾杯し、その後のことはあまり覚えていません。でも、鼎談の企画のことだけは明確に覚えていました。

帰国後、シアトルでもご一緒した東京教育技術研究所の安田さんをはじめ、同社の田村さんや学芸みらい社の小島さんを交え、佐藤先生は企画を練っていました。思いつきの発言が自分の仕事になったわけですから、きっと困ったと思います。でも、さほど時間をかけずに、いい企画ができあがってきました。

企画がほぼ確定した頃に、私が赤坂先生に連絡する役目となりました。

赤坂先生は、あまりに唐突な私のメールに、「私に何ができるかは皆目見当がつきませんが、大変光栄なことに思います」との返事をくれました。面白そうなことにはとりあえず乗っかっておく、そんな赤坂先生のノリの良さを感じました。

最大の問題は日程調整でした。みなさん、売れっ子の先生です。勤務先も東京、新潟、宮城、静岡とバラバラです。

三か月ほどの期間で日程調整をした結果、二〇一九年六月二日(日)夕刻に行うということで、ようやく日取りが決まりました。場所は東京駅近くの会議室。せっかくなので、それぞれの先生から、この鼎談を聞かせておきたい若手(自称含む)にも声をかけました。

スピード感溢れる鼎談でした。それぞれの立ち位置から、それぞれの専門性が語られ、シナジー効果で話がかみ合っていきました。司会の佐藤先生が準備していた段取りは大幅に狂いましたが、発散しがちな私たちの話を、佐藤先生は一生懸命に収束させてくれました。特に下打合せをしたわけでもない鼎談でしたが、休憩を含めて三時間ほどの時間があっという間に感じられました。

今、文字になった原稿をあらためて読んでみると、あの日の興奮が甦ります。


谷先生は、学校現場でややもすると軽視されがちだった教育技術について、向山洋一先生の思想を受け継ぎ、その理論や実践を体系化してきた方です。たくさんの修羅場をくぐってきた谷先生の話は、立て板に水のようでありながら、たいへんな迫力がありました。

「技術」というのは、technologyともskillともartとも訳されます。技術は、専門職にとっては不可欠であり、経験に裏打ちされて体系化され、そして伝承されていくものです。教師も専門職ですから、当然技術は重要なわけですが、なぜか精神論がまかり通ってきました。一方で、技術を形式的なルールに置き換えてしまって、技術を用いる目的が見失われがちになっていました。このような我が国の現状に対して、人生を賭けて取り組んできた谷先生の話には、深い説得力がありました。


赤坂先生は、教師と子ども、子ども同士の関係を、意図的に構成して価値ある集団に昇華させていく学級経営の在り方について語ってくれました。たくさんの教師たちの前で語り続けてきた赤坂先生の話は、谷先生同様、たいへんな迫力を感じました。

「経営」とは、managementと訳されます。operation（運営）やcontrol（管理）という側面も少しはありますが、それらを含み込んだ、人と組織の変容を意図した取り組みのことを指します。小学校においては、ほぼすべての教師が、初任時代から学級を経営します。学級経営が重要であることは誰しもが理解しているにも関わらず、大学では学級経営に関する専門科目は必修化されていません。これは、我が国の学校教育が、長い間、教科中心主義であったことを意味します。多様性を認め合うグローバル社会に入っている今日、あらためて学級経営の重要性を訴え、学会を組織して理論化しようとしている赤坂先生の話には、情熱と責任感を感じました。

私自身は、小学校教員から研究者になって二十七年が経過しましたが、今でも学校現場の授業、カリキュラム、組織マネジメントを研究対象にしています。情報社会に向かう中、それらはどのように変質していくべきなのか。その変質を促進するテクノロジーや組織のあり方について、理論と実践、そして政策の間で活動してきました。

私が専門とする「教育工学」は、教育を対象領域として、工学的に思考しようという分野です。複雑な系をもつ授業や学校を、教育効果を高めるという目的に対するシステムであると捉え、システムを構成している要素に分割し、個々の要素ごとの改善を行うと同時に、それぞれの組み合わせ方を改善しようという考え方をします。この考え方が「工学的」であるというわけです。

谷先生が授業技術を、赤坂先生が学級経営を、それぞれ体系化し、理論と実践を往還させようとしていることは、私から見ればまさに工学的な取組です。人が系に含まれる「教育」という営みは、一〇〇%の再現性は担保されることはありませんが、それぞれの要素の組合せにおける最適な解を見いだそうという取り組みの積み重ねでしか、次世代の子どもたちのための教育はあり得ないと思うのです。

佐藤先生は、今頃、「一番得をしたのは自分だ」と思っているに違いありません。彼がいなければこの企画は生まれなかったし、実現することもなかったでしょう。司会も苦労をかけました。本書の脚注を佐藤先生とTOSSの鈴木先生が書いてくれたおかげで、読みやすい本になりました。ありがとうございました。

このたび、このような突拍子も無い企画を形にしてくれた学芸みらい社と東京教育技術研究所のみなさまには、心より感謝申し上げます。出版にこぎつけるまで、たいへんな御苦労をおかけしたことをお詫び申し上げます。

最後に、もう一つだけみなさんに知っておいて欲しいことがあります。

佐藤先生は、あのシアトルの夜の、二次会の解散直前の写真を持っていました。その写真には、なぜか支払いをしている私と、それを背にピースサインをしている谷先生が写っていました。お互い記憶はありません。でも、メディアがしっかりと記録をしていてくれました。

まだそれぞれの代金はもらっていません。ここに請求をしておきます。

［著者紹介］

堀田龍也（ほりた・たつや）

東北大学大学院情報科学研究科教授。博士（工学）。専門は教育工学・情報教育。東京都公立小学校教諭を経て大学に転身。日本教育工学会副会長。中央教育審議会委員、新しい時代の初等中等教育の在り方特別部会委員等を歴任。著書「情報社会を支える教師になるための教育の方法と技術」（三省堂）、「新学習指導要領時代の間違えない小学校プログラミング教育』（小学館）等。

赤坂真二（あかさか・しんじ）

上越教育大学教職大学院教授。学校心理士。19年間の小学校勤務では、アドラー心理学的アプローチの学級経営に取り組み、子どものやる気と自信を高める学級づくりについて実証的な研究を進めてきた。2008年4月から、現所属。即戦力となる若手教師の育成、主に小中学校現職教師の再教育にかかわりながら、講演や執筆を行う。著書「最高の学級づくりパーフェクトガイド」「資質・能力を育てる問題解決型学級経営」（明治図書）他多数。

谷　和樹（たに・かずき）

玉川大学教職大学院教授。北海道札幌市生まれ。神戸大学教育学部初等教育学科卒業。兵庫教育大学修士課程学校教育研究科教科領域教育専攻修了。兵庫県の公立小学校に22年勤務。TOSS（Teachers' Organization of Skill Sharing）中央事務局。著者「子どもを社会科好きにする授業」（学芸みらい社）、「谷和樹の学級経営と仕事術」（騒人社）他、書籍・論文多数。

佐藤和紀（さとう・かずのり）

常葉大学教育学部初等教育課程専任講師。博士（情報科学）。元東京都公立小学校主任教諭。専門は、教育工学、教育方法学、情報教育。文部科学省「学校におけるICT環境整備の在り方に関する有識者会議 効果的なICT活用検討チーム」、同「児童生徒の情報活用能力の把握に関する調査研究 企画推進委員会」委員，同「教育の情報化に関する手引」執筆協力者等を務める。日本教育工学協会理事等。

"先生の先生"が集中討議！
子どもも教師も元気になる
「これからの教室」のつくりかた
教育技術・学級経営・ICT教育　新しい時代のグランドデザイン

GAKUGEI MIRAISHA

2019年11月５日 初版発行
2021年１月20日 第４版発行

著　　者　堀田龍也　赤坂真二　谷 和樹　佐藤和紀
発 行 者　小島直人
発 行 所　株式会社 学芸みらい社
〒162-0833 東京都新宿区箪笥町31 箪笥町SKビル3F
電話番号：03-5227-1266
http://www.gakugeimirai.jp/
E-mail：info@gakugeimirai.jp
編　　集　株式会社 教育技術研究所
〒142-0064 東京都品川区旗の台2-4-12 TOSSビル
電話番号：03-3787-6564
https://www.tiotoss.jp
印刷所・製本所　シナノ印刷株式会社
ブックデザイン　吉久隆志・古川美佐（エディプレッション）
口絵デザイン　信吉

ISBN978-4-909783-23-3 C3037